论语

卷一

[春秋]孔子 著
李楠 编译

图书在版编目（CIP）数据

论语/［春秋］孔子著；李楠编译. — 北京：北京工艺美术出版社，2019.12

（品读经典：双色线装）

ISBN 978-7-5140-1610-9

Ⅰ.① 论… Ⅱ.①孔… ②李… Ⅲ.① 儒家 Ⅳ.①B222.21

中国版本图书馆CIP数据核字（2018）第212471号

出 版 人：陈高潮
责任编辑：冯淑泰
装帧设计：书心瞬意
责任印制：宋朝晖
法律顾问：北京恒理律师事务所 丁玲 罗楠

论语

［春秋］孔子 著 李楠 编译

出　　版　北京工艺美术出版社
发　　行　北京美联京工图书有限公司
地　　址　北京市朝阳区焦化路甲18号
　　　　　中国北京出版创意产业基地先导区
邮　　编　100124
电　　话　（010）84255105（总编室）
　　　　　（010）64283630（编辑室）
　　　　　（010）64280045（发　行）
传　　真　（010）64280045/84255105
网　　址　www.gmcbs.cn
经　　销　全国新华书店
印　　刷　北京楠萍印刷有限公司
开　　本　889毫米×1194毫米　1/16
印　　张　40
版　　次　2019年12月第1版
印　　次　2019年12月第1次印刷
印　　数　1～3000
书　　号　ISBN 978-7-5140-1610-9
定　　价　380.00（全四卷）

前言

《论语》是孔子的弟子及其再传弟子关于孔子及其弟子言行与思想的记录，共二十篇，约一万二千字，成书于战国时期。今本《论语》是东汉学者郑玄综合多种版本编辑而成的。

孔子是我国古代伟大的思想家、政治家、教育家，儒家学派的创始人，春秋末期鲁国人。《论语》集中记述了孔子的言行，体现了他的思想，全文采用语录体，有孔子谈话、答弟子问及其相互之间的谈论。章节简短，每件事自成一段，既不前后相属，亦无长篇大论，言简意赅，耐人寻味。二十篇的标题均取自每篇首章的两三个字，并无实际意义。

《论语》内容广博，涉及政治、教育、礼仪、经济、文学、天道观、认识论等多个方面。虽然如此，《论语》的基本内容还是孔子的伦理思想。孔子博学多才，教学生『六艺』，但更重视人格的培养，他认为『仁』是一个人格高尚的人必备的品德。在《论语》中，孔子的伦理思想形成了完整的体系，这个体系的核心就是『仁』，而『礼』则是贯彻『仁』的具体措施和手段。除了『仁』和『礼』的思想，《论语》中对孔子的认识论观点、教育思想、教学方法、政治哲学以及中庸思想都有所述及。

《论语》成书以来一直受到世人的重视。在汉代，《论语》被视为辅翼《五经》的『传』或『记』，西汉文帝时将其列入学宫，东汉时被尊为经，位列『七经』之一。东汉赵岐曾说：『《论语》者，五经之管辖，六艺之喉衿也』。至宋代，朱熹对《论语》极为推崇，他曾这样说：『今欲直得圣人本意不差，未须理会经，先于《论语》《孟子》中专意看他。』不仅如此，朱熹还从《礼记》中抽出《大学》《中庸》两篇与《论语》连同《孟子》合为『四书』，自此《论语》更加受到历代统治者的尊崇，它不但是士人必读之书，还是统治者言行的标准。《论语》一书体现的思想对于形成中华民族的道德、文化和塑造中华民族的性格等，都起了重要作用。

由于《论语》内容博大精深、语言简练朴实、含蓄生动，至今仍有较大的价值。它不仅是研究孔子、孔门弟子和早期儒家思想的宝贵资料，也是研究中国思想史、文化史、教育史的重要典籍，因此它的推广和流传，对于弘扬中华民族的传统美德、促进社会主义精神文明建设具有极为重要的现实意义。

目录

学而第一

【原文】

子曰：『学而时习之①，不亦说②乎？有朋③自远方来，不亦乐乎？人不知，而不愠④，不亦君子⑤乎？』

【注释】

①子：古代对有学问、有道德男子的尊称，在本书中是指孔子。时：用以修饰『习』的副词，指一定或适当的时候。习：练习、温习。

②说：通『悦』，高兴，快乐。

③朋：具有共同见解的人。有人认为，这里的『朋』是指弟子。

④人不知：不为他人所理解。愠：怨恨，恼怒。

⑤君子：指有道德、有修养的人。

【译文】

孔子说：『学了能按时温习，不也愉快吗？有志同道合的人从远方来，不也快乐吗？不为他人所理解而不怨恨，不也是君子吗？』

【品读】

学无止境，人不可一日无学。学可以立德，学可以增智，学可以致用。非学无以广才，非学无以养德。

孔子是一个非常重视学习的人，他认为学习不仅能获取知识，而且是人内心快乐的源泉。因为在学习的过程中，当你有所体悟、有所感动之时，就能获得一种智者的欢悦。

【故事】

孔子的一生是好学的一生，是学中求乐的一生。

孔子三岁丧父，母亲颜征带着他，过着贫穷的生活。孔子六七岁时，母亲就教他学习各种礼节。十五岁时，孔子立志要多读书，做个有学问的人。不幸，孔子十七岁那年，母亲也去世了，孔子没有钱读书，只好做些杂事谋生。像管菜园啊，看管牛群啊，管理账务啊，他都做过。他做什么都很认真，他照管的牛羊长得很肥壮，他管的账一点岔子也没有。他十分好学，大家也乐意告诉他一些新知识。后来孔子告诉他的学生说：『我往日没有得到从政的机会，可是我因此有了学习各种本领的时间，也有了更多学习的乐趣。』

孔子三十岁以后，还曾向鲁国音乐大师师襄学琴。一首曲子孔子已经可以很好地用技巧演奏出来，师襄便让他开始学另一首曲子，可是孔子认为自己还不能悟出作曲者的形象，从而继续沉醉在音乐世界里。终于有一天，他跑到师襄面前兴奋地说：『老师！我已经从曲子中感受到作曲者的形象了，他高高的个子，黑黑的面庞，目光深沉，若有所思地眺望远方，处处显示着他宽广的胸怀。我想，除了周文王，这个人还会是谁呢？』师襄大为惊讶地站起身来，向孔子连连作揖说：『说得对极了！我的老师曾说这曲子正是叫《文王操》！』

『学而时习之，不亦说乎？』孔子无论学什么都是专心致志，乐在其中。

【原文】

有子[1]曰：『其为人也孝弟[2]，而好[3]犯上者，鲜[4]矣；不好犯上，而好作乱者，未之有也。君子务本[5]，本立而道[6]生。孝弟也者，其为仁之本与[7]！』

【注释】

①有子：鲁国人，名若，孔子的弟子。

②其：语助词，表示虚拟或猜度。弟：同『悌』，敬爱兄长。

③好：喜好。

④鲜：少。

⑤务：致力于。本：根本、基础。

⑥道：事物的基本道理。

⑦为：实行、做。与：同『欤』，感叹词。

【译文】

有子说：『为人孝顺敬爱兄长而轻易冒犯尊长的，很少见；不轻易冒犯尊长而轻易作乱的人，还从未有过。君子致力于根本，根本确立了，事物的基本道理就形成了。孝顺敬爱兄长，大概是实行仁的根本要点吧！』

【品读】

儒家十分重视家庭伦理，孝悌不仅是一个人道德修养的基础，也是社会维系良好秩序的基础。一个人如果在家庭里能够孝顺父母，友爱兄长，那么他在社会上也能忠诚守信，恪尽职守。孟子说『人人亲其亲，长其长，而天下平』，这也是儒家所希望的由『修身齐家』而扩大到『治国平天下』的理想路径和效果。

【故事】

王祥是汉末琅玡临沂（今属山东省）人，因遭乱世，扶母携弟在庐江隐居三十余年。母亲去世后，他才应召入仕。三国魏时，曾封关内侯、万岁亭侯、睢陵侯，拜司空、太尉、侍中等职。入晋，拜太保，晋爵为公。享年八十五岁。

王祥的生母在他年幼的时候去世。他的继母朱氏很不喜欢他，只偏爱自己的儿子，经常在他父亲面前说他的坏话。如此一来，他不仅失去了母爱，还失去了父爱。但王祥生性至孝，虽然成天被父母驱使，干各种杂活，却从不叫苦叫累，态度十分恭谨。父母如果生病，他就整天不解衣睡觉，在左右伺候，汤药熬好了，还必定先亲自尝一尝。

尽管如此，他的继母仍然欺负他，待他很凶狠。然而，王祥却始终把她当作自己的亲生母亲来孝顺。朱氏常常要吃活鱼，王祥总是想办法满足她的要求。有一次，天寒地冻，朱氏又要吃活鱼。但三九时节，哪儿也找不到活鱼。王祥却不死心，来到结了厚冰的河面上，不顾寒风嗖嗖，脱下衣服，躺在透心凉的冰上，准备凿开冰块捕鱼。忽然冰面裂开，从水里跃出两条活蹦乱跳的鲤鱼。王祥赶忙抓住，高高兴兴地带回家去，做好给继母吃。乡里人都说：『从来也没人能在大冬天结了厚冰的河里凿冰捕鱼，王祥这个小孩子却做到了，这是他的孝心感动了天地啊！』从此就留下了『卧冰求鲤』的美谈。

父亲去世后，王祥在社会上的声誉越来越大。朱氏不但不高兴，反而嫉恨在心。一次，她在酒中下了毒，想把王祥毒死。王祥的弟弟王览是朱氏所生，他只有几岁的时候便很懂事。他发现朱氏在酒中下毒以后，就径直去取酒。此时，王祥也疑心酒中有毒，争着把酒夺过来，不给王览。朱氏见兄弟俩争酒，怕事情败露，急忙把酒抢了过去。从此以后，凡是朱氏送给王祥的食品，王览总是要先尝尝，以防出事。朱氏害怕下毒毒死自己的亲儿子，就不敢在食品中下毒了。

但是朱氏并没有放弃杀害王祥的念头。一天，王祥因有事独睡在一张床上，朱氏以为机会来了，半夜里悄悄地拿把刀摸进屋，对着被子狠命连砍了好几下。谁知王祥这时正好出外小便，因此只砍破了被褥，并没有伤着他。王祥回来一看，被褥被砍破了，知道是继母恨自己恨得要命，就跑到继母房里跪下，请求继母把他处死。朱氏起先吓了一跳，后来听了王祥的一番话又羞又愧，醒悟过来，真正感受到王祥对自己的一片孝心，于是把王祥扶了起来，流下了后悔惭愧的眼泪。此后，朱氏爱王祥就像爱自己的亲生儿子一样，一家人日子过得很和睦。王祥尽心赡养继母朱氏，直到给她送了终，才答应别人的邀请，出去做官。

【原文】

子曰：『巧言令色①，鲜②矣仁！』

曾子③曰：『吾日三省吾④身——为人谋而不忠乎？与朋友⑤交而不信乎？传⑥不习乎？』

子曰：『道千乘之国⑦，敬⑧事而信，节用而爱人⑨，使民以时⑩。』

【注释】

①巧言：花言巧语。令色：修饰仪表。

②鲜：少。

③曾子：鲁国人，名参，字子舆。孔子的弟子。

④吾：人称代词，我。日：每天。三：古人常以三、九来表示多的意思。此处正好列举了三件事，与『三省』巧合，不可因此释为『三次』或『三件事』。省：省察，反省。

⑤友：具有共同志向的人。

⑥传：老师讲授的知识、道理。

⑦道：通『导』，治理。千乘之国：拥有一千辆兵车的国家。乘：古代四匹马拉着的兵车。

⑧敬：态度严肃认真。

⑨人：士大夫以上各阶层的人。与下句的『民』指老百姓相对。

⑩以时：按照时令，指不违农时。

【译文】

孔子说：『花言巧语、仪容伪善，几乎就不具备仁了。』

曾子说：『我每天多次省察自身：替他人谋事是否尽心竭力？与朋友交往是否守信？老师讲授的内容是否温习了？』

孔子说：『治理一个拥有一千辆兵车的国家，要严肃认真地处理政事，诚实守信，节约费用，爱护官吏，役使老百姓要在农闲的时候（避免妨碍农业生产）。』

【品读】

『吾日三省吾身』，是传统的儒家思想，为我们塑造了一种完美的人格形象。对于今天的我们同样适用。所谓『见贤思齐，见不贤而内自省』，人要有反省的精神，因为只有不断地反省，才能少犯错误。

【故事】

明代张瀚初任御史的时候，有一次，他去参见都台长官王廷相，王廷相就给张瀚讲了一个乘轿见闻。说他某一天乘轿进城办事时，不巧遇上了雨。而其中有一个轿夫刚好穿了双新鞋，他开始时小心翼翼地循着干净的路面走，后来轿夫一不小心踩进泥水坑里，此后他就再也不顾惜自己的鞋了。王廷相最后总结说：『处世立身的道理，也是一样的啊。只要你一不小心犯了错误，那么以后你就再也不会有所顾忌了。所以，常常检点约束自己，是一个人必修的功课。』张瀚听了这些话，十分佩服王廷相的高论，终生不敢忘记。

这个历史故事告诉我们，人一旦『踩进泥水坑』，心里往往就放松了戒备。反正『鞋已经脏了』，一次是脏，两次也是脏，于是便有了惯性，从此便『不复顾惜』了。有些人一开始在工作中兢兢业业，廉洁奉公，偶然一不小心踩进『泥坑』，禁不住诱惑，便从此放弃了自己的操守。这都是因为不能时时自省而造成的恶果。

【原文】

子曰：『弟子①，入则孝，出则悌，谨②而信，泛爱众，而亲③仁。行有余力，则以学文④。』

子夏⑤曰：『贤贤易色⑥；事父母，能竭其力；事君，能致⑦其身；与朋友交，言而有信。虽曰未学，吾必谓之学矣。』

子曰：『君子不重，则不威⑧；学则不固。主⑨忠信。无⑩友不如己者。过，则勿惮⑪改。』

【注释】

①弟子：这里指年轻的人。

②谨：按规矩做事。

③泛：广。亲：接近。

④文：指《诗》《书》《礼》《易》《春秋》《乐》等古代文献。

⑤子夏：孔子的学生，姓卜，名商，字子夏。

⑥贤贤：尊重贤人。易色：不重容貌。

⑦致：委弃、献纳，这里指献出。

⑧重：庄重。威：威严。

⑨主：主张，这里为坚守之意。

⑩无：同『毋』，不要。

⑪惮：怕。

【译文】

孔子说：『晚辈回到家里就要孝顺父母，外出交往便敬爱兄长，做事小心谨慎，说话诚实守信，博爱大众，特别亲近那些有仁德的人。在注重德行修养的同时，还有多余的精力，就再去学习文化知识。』

子夏说：『对妻子要看重品德才能，而不注重容貌；侍奉父母能够尽心竭力；给君主办事，能献出自己的生命；同朋友交往，能诚实守信。这样的人即使没有学习过知识，但从实践上看，我一定说他们是学习过了的。』

孔子说：『君子如果不庄重，就没有威严；即使读书学习，知识也不会巩固。要坚守忠诚、信实的伦理道德。所结交的朋友要没有不如自己的。有了过错，就不要害怕改正。』

【品读】

人的品德修养体现在日常生活的细节中。孝敬父母，友爱兄弟，既是做人的根本，也是品质的基础。如果不能孝养其亲，又如何能敬事他人？这样的人即使学问再高也难以被重用。

孔子认为，一个人有没有学问，主要不是看他掌握多少文化知识，而是要看他能不能实行『孝』『忠』『信』等传统伦理道德，并且付诸行动，以实际行动去对待他人。只要做到了，才能成为德才兼备的有用之人。这样的人，即使他说自己没有学习过，也已经是有道德的人了。在今天，道德修养和文化知识同等重要。

『世事洞明皆学问，人情练达即文章。』如果你要学习文化知识，精通学问之道，也只有从做人的体会、人生的经验入手，才能够学有所成，学以致用，而不会成为读死书的书呆子。这也就是说，做人首先要注重品德修养，其次才谈得上学识。因此，德育第一，智育第二，这两者的关系是非常明确的。

【故事】

有一个名叫公明宣的人在曾子门下学习，三年来从不读书。曾子说：『你在我家里三年不学习，为什么呢？』

公明宣说：『我哪敢不学习？我看见老师在家里，只要有长辈在，连牛马也没有训斥过，我很想学习您对长辈的态度，可惜还没有学好。我看见老师接待宾客，始终谨慎谦虚，从来没有松懈过，我很想学习您对朋友的态度，可惜还没有学好。我看见老师在朝廷办公事，对下属的要求很严格，但从来不伤害他们的自尊心，我很想学习您对下属的态度，可惜还没有学好。』

曾子离开座位，向公明宣道歉说：『我不如你，我只会读书罢了！』

公明宣在话语之中对曾子做了婉转的批评，说曾子只注重教学生知识，而不注重教他们做人的道理，曾子意识到了这一点，因此才向公明宣道歉。

【原文】

曾子曰：『慎终①，追远②，民德归厚③矣。』

子禽问于子贡[4]曰：『夫子至于是邦[5]也，必闻其政，求之与？抑与之与？』子贡曰：『夫子温、良、恭、俭、让以得之。夫子之求之也，其诸异乎人之求之与？』

【注释】

①终：终指父母去世，借指丧礼。

②远：死去已久的人，即祖先。

③厚：厚道。

④子禽：姓陈，名亢，字子禽。子贡：姓端木，名赐，字子贡。二人都是孔子的学生。

⑤邦：指诸侯国家。

【译文】

曾子说：『慎重对待父母的丧礼，追思怀念祖先，民风就会逐渐趋于淳朴。』

子禽问子贡：『老师每到一个国家，就一定会听到那个国家的政事，这是他求人告诉他的呢，还是别人主动告诉他的？』子贡说：『这是老师以他的温和、善良、庄重、节俭、谦逊诸多品德才干取得的。老师这种求得的方法，是不同于其他人求得的方法的吧？』

【品读】

《管子·兵法》上说：『和合故能谐』，即有了和睦、团结，行动就能协调，进而达到步调一致。现在我们讲和谐，不仅要人与人和谐，人与自然和谐，还要讲求内心的和谐。个人要努力保持『温、良、恭、俭、让』的处世态度和为人修养，正确对待困难、挫折、荣誉，做一个讲操守、重品行的人，一个有益于人民和社会的人，一个内心和谐的人。

孔子认为政治是国家大事，关乎百姓的生计，因此每到一地都会打听当地的政治环境。但是孔子并不为自己谋取什么功名权利，而是主动让给别人，只有让不出去了，非得自己做不可，这才出来任职。而中国的历史观，也很讲究这个『让』字。

【故事】

尧、舜、禹最为孔子所称道的事迹，是『禅让』。禅让的意思，就是把帝位让给贤人。天下已经在自己的手上，但是不把这看作自己的私产，不以此为子孙谋福利，而是为天下人着想，把帝位传给德才兼备的人。

尧没有把帝位传给他的儿子丹朱，而是传给了舜。尧说这有四个原因：一是舜至孝，舜的继母对他非常坏，屡次想害死他，但是舜丝毫不怨，最后把继母感动了；二是舜有才德，舜在尧手下做了二十年的事，什么职位都干过了；三是舜有神佑，这当然是古人迷信的思想；四是『尧知子丹朱之不肖，不足授天下』，尧知道自己的儿子不成器，不是当首领的材料，于是把政权交给了舜。

『尧崩，三年之丧毕，舜让辟丹朱于南河之南。诸侯朝觐者不之丹朱而之舜，狱讼者不之丹朱而之舜，讴歌者不讴歌丹朱而讴歌舜。』舜觉得自己得了这个位置是不应该的，主动把位置让给了丹朱。但是诸侯却不理这一套，仍听命于舜，有了纷争还来找舜处断，编歌曲歌颂的也是舜的功德而不是丹朱的。这样时间长了，舜虽然没有天子之名，却行天子之实，只好重新取代丹朱的位置。

帝位的传承在舜的手里也发生了变化，他没有传给自己的儿子商均，而传给了禹。原因一是官为司空的禹治水成功，二是『禹为人敏给克勤；其德不违，其仁可亲，其言可信；声为律，身为度，称以出』，『亹亹穆穆，为纲为纪』。舜死后三年丧毕，『禹亦乃让舜子，如舜让尧子』，『禹辞辟舜之子商均于阳城』。因为，『天下诸侯皆去商均而朝禹。禹于是遂即天子位，南面朝天下，国号曰夏后』。和舜一样，禹也因为诸侯只听他的话，不得已取舜子商均而代之。

【原文】

子曰：『父在，观其志；父没，观其行；三年无改于父之道①，可谓孝矣。』

有子曰：『礼之用，和②为贵。先王之道，斯③为美；小大由之。有所不行，知和而和，不以礼节之，亦不可行也。』

有子曰：『信近于义，言可复④也。恭近于礼，远⑤耻辱也。因⑥不失其亲，亦可宗⑦也。』

【注释】

①道：这里指父亲生前奉行的行为准则、道德规范等。

②和：适当。

③斯：这。

④复：实践。

⑤远：使之远离。

⑥因：依靠，凭借。

⑦宗：尊重，推崇。

【译文】

孔子说：『父亲在时，就要看这个人的志向；父亲不在了，就要观察这个人的行为。如果他在长时间里都遵循他父亲合理部分的行为准则处理事情，这样的人可以称得上是守孝道了。』

有子说：『礼的作用，以做事恰到好处为可贵。古代圣明君主治理国家的方法，可贵之处就在于此；大事小事都做得恰当。但是有行不通的事，只知一味地要求恰当，而不用礼来约束，也是不可行的。』

有子说：『信用符合了道义，许下的诺言才可以实践。恭敬符合于礼仪，就不会遭到耻辱了。依靠关系深的人，也就值得尊敬了。』

【品读】

『疾风怒雨，禽鸟戚戚；霁日光风，草木欣欣。』在狂风暴雨中，飞禽会感到哀伤忧虑惶惶不安；晴空万里的日子，草木茂盛欣欣向荣。由此可见，天地之间不可以没有祥和之气。比之于人，一日无和气，就会一日无好心情。

天底下有能耐的好人本来就不多，应该想着同心协力为社会多做贡献。不能因为各自的思想方法不同，性格上的差异，甚至微不足道的小过节而互相诋毁、仇视、看不起。古人说：『两虎相争，必有一伤。』这样做，对谁都无益。抬头不见低头见，得饶人处且饶人吧！

【故事】

宋朝的王安石和司马光两人在1019年与1021年相继出生。年轻时，都曾在同一机构担任完全一样的职务。两人互相倾慕，司马光仰慕王安石绝世的文才，王安石敬仰司马光谦虚的人品。在同僚中间，他们俩的友谊成了典范。

但是随着两人的官越做越大，他们的心胸却慢慢地变得狭窄起来，昔日相互唱和、互相赞美的两位老朋友竟反目成仇。倒不是因为解不开的深仇大恨，人们简直不相信，他们是因为互不相让而结怨。两位智者名人，成了两只好斗的公鸡，雄赳赳地傲视对方。

有一回，洛阳国色天香的牡丹花开，包拯邀集全体僚属饮酒赏花。席中包拯敬酒，官员们个个善饮，自然毫不推让。只有王安石和司马光酒量极差，待酒杯举到司马光面前时，司马光眉头一皱，仰着脖子把酒喝了。轮到王安石，王执意不喝，全场哗然，酒兴顿扫。司马光大有上当受骗、被人小看的感觉，于是喋喋不休地骂起王安石来。王安石以牙还牙，不甘示弱地痛骂司马光。

两人自此结怨，王安石得了一个『拗相公』的称号，而司马光也没给人留下好印象，他忠厚宽容的形象大打折扣，以至于苏轼都给他取了个绰号叫『司马牛』。

到了晚年，王安石和司马光对他们早年的行为都有悔意。大概是人到老年，与世无争，心境平和，世事洞明，可以消除一切拗性与牛脾气了。王安石曾对侄子说，其实司马光这个人是个忠厚长者。司马光也称赞王安石，夸他文章好，品德高，功劳大于过错。

【原文】

子曰：『君子食无求饱，居无求安，敏于事而慎于言，就[1]有道而正焉，可谓好学也已。』

子贡曰：『贫而无谄[2]，富而无骄，何如？』子曰：『可也；未若贫而乐，富而好礼者也。』

子贡曰：『《诗》云：「如切如磋，如琢如磨」，其斯之谓与？』子曰：『赐也，始可与言《诗》已矣，告诸往[3]而知来者。』

【注释】

①就：挨近。

②谄：巴结、奉承。

③诸：之。往：过去的事，这里指已经讲到的内容。

【译文】

孔子说：『君子，吃不要求饱足，住不要求安逸舒适，做事敏捷，而说话谨慎，接近有道德的人并匡正自己，这就可以称得上是好学了。』

子贡说：『贫穷而不巴结奉承，富贵而不骄横，这样的人怎么样？』孔子说：『这样的人也算可以了。但不如贫穷却乐道，富有而好礼的人。』

子贡说：『《诗经》上说：「像切磋骨器、雕琢研磨玉器一样，不断地追求完美，精益求精！」讲的就是这个意思吧？』孔子说：『子贡呀，现在可以和你谈论《诗经》了，因为告诉了你这一点，你就能举一反三地知道另一点了。』

【品读】

孔子说：生活不要太奢侈，尤其在艰难困苦中，不要有过分的、奢侈的要求。这与《论语》『乡党篇』中孔子自己对生活的态度、做人的标准是一致的，即不追求物质生活的享受，而重视精神生活的升华。享乐是消磨人志向的毒药，放纵嗜欲，必将陷于贪婪。德行的养成在于自我节制。

人虽无贵贱之分，但有贫富之别。君子当自强，处富贵不宜骄傲，居贫贱不失尊严。即使处在极端的困苦中，也当志向高远，绝不沉沦。

其实，人活在世上是否幸福，关键在于心态，贫或富只是一种外在因素，真正有道的人是不会受其左右的。况且，贫或富也像浮云一样变幻不定，为之忧苦或因之骄纵，都是不明智的，不为智者所取。

【故事】

王播，字明扬，出生于唐肃宗乾元二年（759年），扬州人，祖籍山西太原。双亲去世后家境十分贫寒，所以爱好读书的王播只得到当地一座名叫惠昭寺木兰院的僧庙里借读。

当时，寺里有个规矩：每天的开饭时间都固定在寺僧敲钟之后。有一天，王播听到钟声去吃饭时，只见饭堂已是杯盘狼藉。原来寺僧们已经对王播在这里吃饭很不满了。王播当即返回住处收拾行李，并在寺院墙壁上愤然题写了一首诗后离去。

后来，王播中了进士，恰好被派往江苏任军政长官。惠昭寺木兰院寺僧们把王播当年居住过的地方修葺一新，还把王播当年愤然题诗的墙壁用上好的碧纱覆盖起来。王播来到寺院时，发现自己那首讽刺诗都受到碧纱笼罩的优待，便命人拿来笔墨，在原诗的后头续写新诗《题惠昭寺木兰院》二首。诗云：『二十年前此院游，木兰花发院新修。如今再到经行处，树老无花僧白头。』『上堂已了各西东，惭愧阇黎饭后钟。二十年来尘扑面，如今始得碧纱笼。』

这两首诗对人事的变迁和惠昭寺木兰院寺僧前后不一的行为进行了辛辣的讽刺。这就是后来流传的『碧纱笼』和『饭后钟』的故事。

【原文】

子曰：『不患[①]人之不己知，患不知人也。』

【注释】

①患：担心，忧愁。

【译文】

孔子说：『不要忧虑别人不了解自己，就怕自己不了解别人。』

【品读】

生活中有很多人，总是担心自己的才华不为人知，悄无声息地被埋没了，埋怨没有慧眼识己的伯乐。真正要紧的问题，并不在于人知，而在于知人。知人往往会在关键时刻对一个人的生活和事业产生重大而深远的影响。

【故事】

姜太公原名姜尚，字子牙。他是西周倾商克殷的首席谋主、最高军事统帅和西周的开国元勋，是齐国的缔造者、齐文化的创始人，亦是中国古代一位影响久远的杰出的军事家和政治家，被称为『周师齐祖』『百家宗师』，在中国历史上占有重要地位。

姜尚出身低微，前半生可以说是漂泊不定、困顿不堪，但是他满腹经纶、壮志凌云，深信自己能干出一番事业。听说西伯侯姬昌尊贤纳士、广施仁政，年逾七旬的他便千里迢迢投奔西岐。但是来到西岐后，他不是迫不及待地前去毛遂自荐，而是来到渭水北岸的磻溪住了下来。此后，他每日垂钓于渭水之上，等待圣明君主的到来。

姜尚的钓法奇特，短竿长线，线系直钩，不用饵食，钓竿也不垂到水里，离水面有三尺高，并且一边钓鱼一边自言自语：『姜尚钓鱼，愿者上钩。』一个叫武吉的樵夫，看到姜子牙不挂鱼饵的直鱼钩，嘲讽道：『像你这样钓鱼，别说三年，就是一百年，也钓不到一条鱼。』姜尚说：『你只知其一，不知其二。曲中取鱼不是大丈夫所为，我宁愿在直中取，而不向曲中求。我的鱼钩不是为了钓鱼，而是要钓王与侯。』因为当时商纣王暴虐无道，天下很不太平，百姓处于水深火热之中，他深信，如果姬昌真想救民于水火，一定会来找他的。

后来，他果然钓到了周文王姬昌。姬昌兴周伐纣迫切需要人才，得知年已古稀的姜尚很有才干，于是他斋食三日，沐浴整衣，抬着聘礼，亲自前往磻溪礼聘，并封姜尚为相。姜尚辅佐文王，兴邦立国，帮助姬昌之子周武王姬发，灭掉了商朝，自己也被武王封于齐地，实现了建功立业的愿望。姜子牙钓出的可谓是一条『王侯大鱼』。

为政第二

【原文】

子曰：“为政以德，譬如北辰居其所而众星共之①。”

子曰：“《诗》三百，一言以蔽②之，曰‘思无邪③’。”

子曰：“道之以政，齐之以刑，民免而无耻④；道之以德，齐之以礼，有耻且格⑤。”

子曰：“吾十有五而志于学⑥，三十而立，四十而不惑⑦，五十而知天命，六十而耳顺⑧，七十而从心所欲，不逾矩。⑨”

【注释】

①以：用。北辰：即北极星。所：地方。共：通“拱”，环抱、环绕的意思。

②《诗》三百：《诗经》共有诗三百零五篇，“三百”是举其大数。蔽：概括。

③“思无邪”：摘自《诗经·鲁颂·駉篇》，不邪恶、纯正的意思。

④政：法令制度。齐：作动词，使整齐。免：避免。

⑤格：纠正。

⑥有：通『又』。在古文中用于整数与零数之间。『十有五』即十五。

⑦立：自立。不惑：没有疑惑，指已经掌握了知识。

⑧天命：指人应尽的道义与职责。耳顺：指从别人的话中能分辨出好坏、是非、真假。

⑨从：随。逾：越。矩：规矩、法度。『……从心所欲，不逾矩』的意思是：随心所欲，但不超过规矩、法度。

【译文】

孔子说：『国君用品德教化治理国家，他就会像北极星那样，泰然处在自己的位置上，使众多的星辰环绕着他。』

孔子说：『《诗经》三百篇，用一句话概括它，就是「思想纯正」。』

孔子说：『用政令来管理百姓，用刑罚来约束他们，百姓只能暂时地免于犯罪，但不知道犯罪是可耻的；用道德去教化百姓，用礼教来制约他们，百姓便不但有羞耻之心，而且能自己纠正错误。』

孔子说：『我十五岁时，有志于做学问；三十岁时，能自立了；四十岁时，已经明了各种事情而不会感到疑惑；五十岁时知道天命是什么；六十岁时凡听到的都能辨别清楚，明白贯通；到七十岁时，我就可以随心所欲，但也不会超越法度。』

【品读】

孔子说出这样的见解，显示了他对于德、礼重要性的充分认识，和对『治国之道』的精通。事实上，人心的『规律』确实如此，强制只会得到表面的恭顺，暗中却积聚逆反情绪；而用积极的教化疏导手段，则会激起自身内在的『自律』，从而使民心净化，天下安稳。

宽法度、重礼仪、教臣民、安民心等符合儒家思想的为政措施，只要能够真正落实到施政方针中去，就可以取得卓有成效的结果。历史上许多有作为的统治者的事例，都说明了这一点。

【故事】

汉文帝是我国历史上一位少有的明君，他即位的当年年底，君臣之间就围绕着是严刑峻法还是宽法度、重礼教展开了一场讨论。汉文帝说：『法律是治理国家的准则，用它来禁绝残暴，引导人们向善。现在犯法定罪后，无罪的父母、妻子、兄弟要连坐，收没妻子儿女为官府奴婢，这种做法是否合适？』许多大臣都说：『百姓不能治理自己，所以制定法律来约束他们。连坐，收没妻子儿女为官府奴婢，以此来使百姓畏惧，让他们不敢轻易触犯法律，这种做法由来已久，是适宜的。』汉文帝说道：『我听说法律公正则百姓忠厚，论罪量刑则百姓顺从。况且管理百姓而引导他们向善，是官吏的职责，官吏若不能加以引导，又采用不公正的法律去论罪，这反而有害于百姓，使他们为非作乱，法律怎么能禁止得了呢？我看不出这种法律有什么适宜的地方。』大臣们见文帝不赞成严刑峻法，就说：『皇帝的恩惠浩荡，德泽深厚，不是我们臣子所能赶得上的。让我们谨奉诏书，废除一人有罪而妻室收没为官府奴婢和一些连坐的法令。』从此废除了连坐法。

为了广开言路，倡导规谏，汉文帝又废除了以『诽谤罪』惩治敢于直言犯上者的刑罚。他说道：『古代治理国家，朝廷设有进献善言的旌旗和供书写诽谤言论的木柱，以此来保持治国之道的畅通，使直言敢谏的人前来发表意见。现在法律上有诽谤妖言之罪，这就使大臣们不敢畅所欲言，皇帝无从听到自己的过失，这怎么能使远方的贤良人士来到朝廷呢？应该废除这一法令，百姓当中有的人诅咒皇帝，约定互相隐瞒，而后来又相互揭发，官吏就认为是大逆不道，如果还有其他言论，官吏又以为是诽谤。其实这些都是小民的愚昧无知，据此治以死罪，我非常不赞成。从今以后，有犯这种罪行的，不要审理和治罪。』

在执政十三年后，汉文帝又下令废除了『肉刑』。

汉文帝一方面减少刑罚，另一方面又注重『勤德而无私』。在他执政的后期，有一年，全国发生了旱灾，蝗虫成灾。文帝加恩天下，命令诸侯不要向朝廷进贡，废除对山林湖泽的禁令，减少皇帝的服饰、用具和游玩的狗马，裁减郎官的员数，打开粮仓赈济贫苦百姓。

汉文帝在位二十年，宫室、苑囿、狗马、服饰、用具没有增加过什么。凡有对百姓不方便的地方，就进行改进，以利百姓。如他曾经打算修建露台，叫工匠计算费用，需要黄金百斤，便说道：『百斤黄金相当于中等百姓十家的产业，我奉守先帝的宫室，常常担心给他带来羞辱，修建这露台干什么呢？』于是立即打消了修露台的念头。平时汉文帝常穿着粗布衣服；对他宠爱的慎夫人，也不准许其衣服拖至地面，帷帐不得织文绣锦，以此来表示敦厚质朴，为天下人做出一个表率。他修建霸陵全部用瓦器，不许用金、银、铜、锡作装饰，不修高大的坟墓，想尽量节省一些，不去烦扰百姓。由于他致力于用道德教化百姓，使得国内殷实富足，兴起了讲究礼仪的风气。

汉文帝在位期间，由于坚持克己爱民，勤俭持政，使得国家经济日益发展，社会秩序井然，开创了『文景之治』的盛世局面。汉文帝坚持以德化民的举措及其所取得的良好效果，从实践上印证了『道之以德，齐之以礼』确实是安邦定国之道。

【原文】

孟懿子[①]问孝。子曰：『无违[②]。』

樊迟御[③]，子告之曰：『孟孙问孝于我，我对曰，无违。』樊迟曰：『何谓也？』子曰：『生，事之以礼；死，葬之以礼，祭之以礼[④]。』

孟武伯[⑤]问孝。子曰：『父母唯其疾之忧。』

子游[⑥]问孝。子曰：『今之孝者，是谓能养。至于犬马，皆能有养；不敬，何以别乎？』

子夏问孝。子曰：『色[⑦]难。有事，弟子服其劳；有酒食，先生[⑧]馔，曾[⑨]是[⑩]以为孝乎？』

【注释】

①孟懿子：姓孟孙，名何忌。

②无违：不要违背礼节。

③樊迟：姓樊，名须，字子迟。孔子的学生。御：驾车。

④『事之以礼』『葬之以礼』『祭之以礼』：三句都是倒装句，即『以礼事之』『以礼葬之』『以

礼祭之』。

⑤孟武伯：即仲孙彘，是孟懿子的儿子。武是他的谥号。

⑥子游：姓言，名偃，字子游，吴国人。孔子的学生。

⑦色：脸色。这里指儿子侍奉父母时和气愉悦的面容。

⑧先生：长辈。这里指父母。

⑨曾：副词，竟然的意思。

⑩是：此，这个。

【译文】

孟懿子问什么是孝。孔子回答说：『不要违背礼节。』

一天樊迟给孔子赶车，孔子便告诉樊迟说：『孟懿子向我请教什么是孝，我答复他说，不要违背礼节。』樊迟问：『这话是什么意思呢？』孔子说：『当你父母健在的时候，应按礼节侍奉他们；父母去世，应按礼节安葬，按礼节祭奠他们。』

孟武伯请教孝道。孔子说：『做爹娘的只是为孝子的疾病发愁。』

子游请教孝道。孔子说：『现在的所谓孝道，只看作能够养活父母就行了。但是，饲养一只狗、一匹马也都要给它吃饱。如果对父母缺乏敬爱之心，那么与养狗养马有什么区别呢？』

子夏请教孝道。孔子说：『孝道难就难在儿子在父母面前总能保持和颜悦色。碰到事情，由年轻人效劳；遇到好吃好喝的，让年长的享用，（仅仅做到这样）竟然可以认为尽孝道了吗？』

【品读】

古语说：『百善孝为先，原心不原迹，原迹贫家无孝子』，所以，尽孝最基本的是『无违』，按自己的本分，尽自己最大的努力尽孝心就可以了。如果为了让父母住别墅、坐好车、吃山珍海味而四处投机钻营、贪污受贿，这样的行为就不能让父母心安，更不能称之为孝。

普天之下，唯有父母对子女全身心地关怀而不图回报。从小到大，父母唯恐孩子挨饿、生病、受伤、困顿……为人子女的我们孝敬父母当体会此心，以父母之忧为忧，不让父母为自己担心就是最大的孝。

孝的最高境界是『有愉色』，要和颜悦色。脸色好不好，表面上看是形式，实际上『色』还体现内容，体现你对父母是否真正具有敬爱之心。言辞态度温婉和顺，就能使父母愉快，让父母怀着愉悦的心情颐养天年，使父母在爱的温暖中开心地度过每一天，这才是真正的孝。

【故事】

春秋时，楚国有位隐士，名叫老莱子。他非常孝顺父母，想尽办法讨父母的欢心，使他们健康长寿。因为他对父母照料得无微不至，所以自己虽七十岁了，父母还都健在。

为了使父母有所娱乐，老莱子特地养了几只乖巧善叫的鸟儿，让他们逗鸟玩耍。他自己也经常引逗鸟儿，使鸟儿发出动听的鸣叫声。他父亲听得高兴的时候，总是笑着说：『这鸟声真动听！』老莱子见父母脸上有笑容，顿时感到一阵满足，心里非常高兴。一次，老莱子的父亲望着儿子的花白头发，叹着气说：『连儿子也这样老，我们在世的日子不长了！』老莱子怕父母有这样的想法因而不能添寿，便专门做了一套五彩斑斓的衣服，常常穿在身上，连走路也装成小儿嬉戏的样子，使父母看了高兴。一天，他为父母取浆上堂，不小心跌了一跤。他怕父母伤心，索性赖在地上打滚，口中还装出婴儿啼哭的声音。老莱子装得太像了，以至父母以为他是故意跌倒打滚的。见他老是不爬起来，笑着称赞说：『莱子真会玩！快起来吧。』

【原文】

子曰：『吾与回[①]言终日，不违，如愚。退而省其私，亦足以发，回也不愚。』

子曰：『视其所以[②]，观[③]其所由，察[④]其所安。人焉廋[⑤]哉？人焉廋哉？』

子曰：『温故而知新，可以为师矣。』

【注释】

①回：颜回，鲁国人，字子渊，孔子最得意的学生。

②视：审查。以：行为。

③观：细看。

④察：调查。

⑤廋：隐藏，藏匿。

【译文】

孔子说：『我整天同颜回讲学，他从不提出反对意见和疑问，像个愚钝的人。等他退下去，我考察他与别人私下的讨论，却也能进行发挥，可见颜回并不愚钝。』

孔子说：『观察他做的是什么，再考察他用什么途径去做，再考察他这样做的心理动机。那么，这个人怎么隐藏得住呢？这个人怎么隐藏得住呢？』

孔子说：『能够在温习旧知识时有新的体会和发现，就可以做老师了。』

【品读】

用人的关键在于知人善任。任用贤能的人，可以使事业兴旺发达。任用无德无能的人，则会贻误事业。对于一个人的深入了解，是知人善任的条件。孔子在此明确提出了全面了解、考察一个人的原则和方法。

人是社会关系的集合体，具有多方面的特征，有时这些特征之间甚至是相互矛盾冲突的。因此，想看透、了解一个人，并不是一件很容易的事，只有通过像孔子说的这种方法，才能由外而内，正确全面地去认识一个人。当然，这种认识，并不只是总看别人的缺点，也应该据此发现一个人的闪光之处，否则就难免走向偏颇，那样，也就谈不上知人了。

【故事】

西汉的王莽，为历代诟骂，他篡汉自代，愚弄天下，早已是奸恶臣子的代名词了。

从改朝换代、江山易姓的手法上来看，王莽是一个非同寻常的人物，他完全靠一个人的力量和智谋，没有动用一兵一卒，就完成了夺取帝位、建立新朝的大业，可谓一个奇迹。

王莽的发迹，起初完全得力于他当皇后的姑姑王政君。王莽出身孤寒，父亲早死，他和母亲相依为命，艰苦度日。王政君见其母子可怜，多方照顾，对王莽怜爱备至。她不顾众大臣的非议和反对，极力提拔王莽，王莽三十八岁时，已是朝廷重臣，身兼大司马之职。

见王政君如此行事，有人便向她进言道：『王莽虽是皇后的至亲，加恩于他未尝不可，只是王莽外表看似敦厚，其实未必心存感激。一旦尾大不掉，皇后的苦心白费不说，大汉的江山也会岌岌可危。』

应该说王莽的伪装功夫天下一流。虽有臣子进言，王政君却怎么也看不出王莽有不臣之心。她曾私下召见王莽，对他说：『你有今日，非是姑姑之功，乃皇恩浩荡之故。我们王家深受汉室大恩，任何时候，我们都要恪尽职守，报效天子。』

王莽装得忠心不二，王政君被其愚弄，更是不遗余力地提携他。有了王政君这个靠山，再加上皇帝年幼无知，王莽欺上瞒下，培植自己的势力，最后被封为『安汉公』，位在三公之上，一手把持了朝政。

位极人臣，王莽并没有心满意足。他要当皇帝，自然遭到身为汉家之后的王政君的反对。因为刘汉王朝若是不存，她也就失去立足的根基了。她召见王莽，未待训斥，只见王莽再不像从前那样恭敬，傲慢无理地抢先说：『我意已决，姑姑就不要多费唇舌了。汉室气数已尽，天命在我，姑姑若是知趣，还是把御玺交给我吧。』

王政君深知王莽羽翼已丰，再也无法驾驭他了。她又悔又恨，无奈之下，便愤愤地将御玺摔在地上，以致御玺有损，缺了一角。

至此，王莽完全撕掉了伪装，他登基做了皇帝，建立了『新朝』。

王政君之所以对王莽失察，原因就在于她只看到并相信了王莽所显现的表面现象，但这种表象是伪装的。按照孔老夫子所提出的察人标准，显然相差太远。因此，她也只好无可奈何地承担其严重后果。

【原文】

子曰：『君子不器①。』

子贡问君子。子曰：『先行其言而后从之。』

子曰：『君子周[2]而不比，小人比[3]而不周。』

【注释】

①器：器皿，器具。

②周：遍及，普及。

③比：勾结。

【译文】

孔子说：『君子不应当像器皿一样（只供一定用途）。』

子贡问如何才算是君子。孔子说：『应做到先实行了你所要说的话，再把这话说出来。』

孔子说：『君子以道义团结人，而不相互勾结；小人相互勾结，而不以道义团结人。』

【品读】

君子是孔子心目中具有理想人格的人，应该担负起治国安邦之重任。君子对内可以妥善处理各种政务，对外能够应对四方，不辱君命。所以，孔子说，君子应当博学多识，具有多方面才干，不只局限于某个方面，可以通观全局、领导全局，成为合格的领导者。这种思想在今天仍有可取之处。

在当今竞争激烈、瞬息万变的社会，一个人不可能在同一位置静止不动。而当某种『动荡』把人从一个熟悉的环境中抛到另一个完全陌生的地方时，许多人就会不知所措了。其原因是在复杂的现实中，单凭一只脚走路是不牢靠的，人必须学会多种生存本领，做一个能文能武的通才，不仅对本专业要精通，对其他的领域也要精通。只有具备这样的业务素质、知识结构，才能在生活中处变不惊，游刃有余。这既是领导者为政的必要素质，也是任何一个现代人所不可缺少的本领。

【故事】

长久以来，人们提起诸葛亮，往往都把他看成『神人』。其实，他也是肉身凡胎，但为何他能神机妙算、料事如神呢？大概原因就在于他不仅精通书本上的知识，更通晓世间一切事情的规律。

诸葛亮的本领，正如《三国演义》第一百回里致曹真的信中所说：『窃谓夫为将者，能去能就，能柔能刚；能进能退，能弱能强。不动如山岳，难测如阴阳；无穷如天地，充实如太仓；浩渺如四海，炫耀如三光。预知天文之旱涝，先识地理之平康；察阵势之期会，揣敌人之短长。』他的知识，正如《三国演义》第四十六回中他对鲁肃所说的：『为将而不通天文，不识地利，不知奇门，不晓阴阳，不看阵图，不明兵势，是庸才也。』这些虽有文学家的艺术渲染成分，但也是以史实作为依据的。从现有的《诸葛亮集》里可以看到，诸葛亮对经史子集、天文地理、兵书器械、农工计算、医卜星相等，都相当精通，多有著述。

诸葛亮何以如此多才多能？在《诫子书》里他写道：『夫学须静也，才须学也，非学无以广才，非志无以成学。』可见这是他长期专心致志、刻苦读书并多方学习的结果。而且，他学习的指导思想是学以致用，即为了『治性』『接世』。他不仅要做辩士，而且要做豪杰；不仅要成为博学家，而且要成为实干家。他学习的方法是『独观其大略』，反对『务于精纯』（《三国志·诸葛亮传》），即不主张采取拘泥一家的纵向式方法，而做到了涉猎广、领会深，有独到见解，能融会贯通，举一反三，为我所用，有所创新。他在《论诸子》一文中，曾以寥寥数语，精辟地褒贬了百家之学：『老子长于养性，不可以临危难。商鞅长于理法，不可以从教化。苏（秦）、张（仪）长于驰辞，不可以结盟誓。白起长于攻取，不可以广众。尾生长于守信，不可以应变。子胥长于图敌，不可以谋身。王嘉长于遇明君，不可以事暗主。许子将长于明臧否，不可以养人物。此任长之术者也。』（《诸

葛亮集》）

在这里，他所评论的既有先秦时代的老子、商鞅、苏秦、张仪、白起等人，又有稍前于他的、哀帝时以敢谏闻名的丞相王嘉，还有与他同时代的、那个曾说曹操是『治世之能臣，乱世之奸雄』的许劭（字子将）。因为他对别人的长处和短处均有深入的认识，所以他能取人之长，避人所短，成为智慧、道德的楷模。

【原文】

子曰：『学而不思[①]则罔[②]，思而不学则殆[③]。』

子曰：『攻[④]乎异端，斯害也已[⑤]。』

子曰：『由[⑥]！诲女[⑦]知[⑧]之乎！知之为知之，不知为不知，是知也[⑨]。』

子张[⑩]学干禄[⑪]。子曰：『多闻阙[⑫]疑，慎言其余，则寡尤[⑬]；多见阙殆，慎行其余，则寡悔。言寡尤，行寡悔，禄在其中矣。』

【注释】

①思：思考。

②罔：迷惑。

③殆：懈怠。

④攻：攻读，钻研。

⑤也已：语气词。

⑥由：姓仲，名由，字子路。孔子的学生。

⑦女：同『汝』，你。

⑧知：明白，知道。

⑨知：同『智』。

⑩子张：姓颛孙，名师，字子张，陈国人。孔子的学生。

⑪干禄：指做官。干，求；禄，禄位。

⑫阙：同『缺』。

⑬尤：过错。

【译文】

孔子说：『只读书而不思考，就会受骗；只空想而不读书，就有危险。』

孔子说：『批判那些不正确的议论，祸害就可以消灭了。』

孔子说：『由！我把对待知与不知的正确态度教给你！知道就是知道，不知道就是不知道，这才是明智的。』

子张向孔子请教求官职取俸禄的方法。孔子说：『多听，有怀疑的地方先予以保留，对其余自信的部分谨慎地说出，这就能减少过失；多看，有疑惑的地方先予以保留，对其余自信的部分谨慎地实行，这就能减少懊悔。言语少过失，行为少懊悔，官职俸禄就在里边了。』

【品读】

学与思是相辅相成、辩证统一的关系。学而不思，那只是生硬、被动地接受知识；而一味地冥思苦想，没有切实地学习积累，结果是架空了知识，得不到真的认识。只有把学习和思考结合起来，才能触类旁通，学有所得，明辨是非，知所适从。

『知之为知之，不知为不知，是知也。』如果一个人对自己不明白的问题加以隐瞒，不去向别人请教，在别人面前仍然不懂装懂，那他就是太无知、太虚伪了。不懂并不可怕，可怕的是不懂装懂。在这个世界上没有一生下来就上通天文、下知地理、晓古通今的人，人们都是在不断地学习探索中充实自己的。只有虚心向别人学习，不耻下问，才能不断进步。否则像南郭先生那样『滥竽充数』，只能贻笑大方，最终被社会淘汰。其实，对自己不知道的事情，坦率地说不知道，反而更容易赢得别人的尊重。

【故事】

『悬梁刺股』这个成语来源于两个好学的故事。

『悬梁』的故事见于《太平御览》。东汉时候的孙敬，是著名的政治家。孙敬年轻时到洛阳太学求学，每天从早到晚读书，常常废寝忘食。时间久了，也会疲倦得直打瞌睡。他便找了一根绳子，一头绑在房梁上，一头束在头发上。当他读书打盹时，头一低，绳子就会扯住头发，弄疼自己，人自然也就不瞌睡了，就可以继续读书学习。从此，每天晚上读书时，他都用这种办法。这就是孙敬『悬梁』的故事。

『刺股』的故事见于《战国策》。苏秦，战国时著名的纵横家。他年少时便有大志，曾师从鬼谷子学习多年。他曾变卖家产，置办华丽行装，去秦国游说秦惠王，欲以连横之术逐步统一中国，却未被采纳。由于在秦时日太久，以致盘缠用尽，只好衣衫褴褛地返回家中。亲人见他如此落魄，都对他十分冷淡。苏秦羞愧难当，下决心用功学习。读书时他准备了一把锥子，一打瞌睡，便用锥子往自己的大腿上刺，强迫自己清醒过来。一年后，他再次周游列国。这次，苏秦成功说服齐、楚、燕、韩、赵、魏「合纵」抗秦，并手握六国相印。这就是苏秦「刺股」的故事。

后人将这两个故事合成「悬梁刺股」这个成语，用以激励人们发奋读书学习。

【原文】

哀公①问曰：「何为则民服？」孔子对曰：「举直错诸枉②，则民服；举枉错诸直，则民不服。」

季康子③问：「使民敬、忠以劝④，如之何？」子曰：「临之以庄，则敬；孝慈，则忠；举善而教不能，则劝。」

或⑤谓孔子曰：「子奚不为政⑥？」子曰：「《书》云：『孝乎为孝，友于兄弟，施于有政⑦。』是亦为政，奚其为政⑧？」

子曰：「人而无信，不知其可也。大车无輗⑨，小车无軏⑩，其何以行之哉？」

子张问：『十世[11]可知也？』子曰：『殷因[12]于夏礼，所损益，可知也。周因于殷礼，所损益，可知也。其或继周者，虽百世，可知也。』

子曰：『非其鬼而祭之，谄也。见义不为，无勇也。』

【注释】

①哀公：鲁国国君，姓姬，名蒋，鲁定公之子。哀是谥号。

②举直错诸枉：把直者放在枉者之上，即选拔直者，罢黜枉者。举，选拔。直，正直。错，同措，放置。诸，之、于二字的合音。枉，不正直，邪恶。

③季康子：鲁国的大夫。姓季孙，名肥。康是其谥号。

④劝：勉励。

⑤或：有人。

⑥奚：如何，为何。为政：治理政事。为，治理。

⑦施：推行。有：助词，无义。

⑧奚其为为政：如何叫治理政事？奚，如何。其，助词，无义。为，谓。为政，治理政事。

⑨輗：大车辕端与横木相接的关键。

⑩軏：小车辕端与横木相接的关键。

⑪世：朝代。

⑫因：因袭，继承。

【译文】

鲁哀公问孔子说：『怎样做百姓才会拥护？』孔子回答说：『把正直的人提拔出来，放在邪恶的人之上，百姓就会拥护；把邪恶的人提拔出来，放在正直的人之上，百姓就不会拥护。』

季康子问孔子：『要使人民对在上者敬重、忠诚并勤勉办事，应该怎么做？』孔子说：『以严肃的态度对待他们，他们对你就会敬重；以敬老爱幼的胸怀对待他们，他们对你就会忠诚；提拔正直善良的人，教育能力不足的人，他们就会勤勉办事了。』

有人对孔子说：『您为什么不参与政治呢？』孔子说：『《尚书》中说：「孝就要真正孝敬父母，友爱兄弟，把这种风气影响到政治上去。」这也是参与政治，为什么一定要做官才算参与政治呢？』

孔子说："做一个人，却不讲信用，我不知道那怎么行得通！这就像大车上缺少輗，小车上缺少軏，这车怎么走呢？"

子张问孔子："十代以后的情况可以预先知道吗？"孔子说："殷朝沿袭夏朝的制度，所废除和增加是可以知道的；周朝沿袭殷朝的制度，所废除和增加是可以知道的。假若有继周朝而当政的人，即使以后一百代，也是可以预知的。"

孔子说："不是自己应该祭的鬼神，却去祭他，这是献媚。见到应当挺身而出的事，却不去做，这是无勇。"

【品读】

无论是古代还是现代，守信用都是生活常识。统治者与百姓之间如果订立盟约，谨守信用，就不会朝令夕改；而国与国之间如果没有信用，发重誓订下的盟约，回头就会变成一张废纸。所以，守信用很重要。

中国人痛恨阿谀谄媚，歌颂正直勇敢。但许多时候，直言不讳的人常常遭受灾难，而阿谀谄媚的人却常被敬为上宾。所以孔子要大声呼唤勇气，鞭挞谄媚。君子有所为有所不为，对人们有益的事应坚决去做，不畏艰难困苦，毫不退缩。

【故事】

明朝开国文臣之首、明初诗文三大家之一的宋濂小时侯喜欢读书，但是家里很穷。也没钱买书，只好向人家借，每次借书，他都讲好期限，按时还书，从不违约，人们都乐意把书借给他。

一次，他借到一本书，越读越爱不释手，便决定把它抄下来。可是还书的期限快到了。他只好连夜抄书。时值隆冬腊月，滴水成冰。他母亲说：『孩子，都半夜了，这么寒冷，天亮再抄吧。人家又不是等这本书看。』宋濂说：『不管人家等不等这本书看，到期限就要还，这是个信用问题，也是尊重别人的表现。如果说话做事不讲信用，失信于人，怎么可能得到别人的尊重。』

又一次，宋濂要去远方向一位著名学者请教，约好见面日期，谁知出发那天下起鹅毛大雪。当宋濂挑起行李准备上路时，母亲惊讶地说：『这样的天气怎能出远门呀？再说，老师那里早已大雪封山了。你这一件旧棉袄，也抵御不住深山的严寒啊！』宋濂说：『娘，今不出发就会误了拜师的日子，这就失约了；失约，就是对老师不尊重啊。风雪再大，我都得上路。』

当宋濂到达老师家里时，老师感动地称赞道：『年轻人，守信好学，将来必有出息！』

八佾第三

【原文】

孔子谓季氏①，『八佾②舞于庭，是可忍③也，孰不可忍也？』

三家者以《雍》彻④。子曰：『「相维辟公，天子穆穆」⑤，奚取于三家之堂？』

子曰：『人而不仁，如礼何⑥？人而不仁，如乐何？』

林放⑦问礼之本。子曰：『大哉问！礼，与其奢也，宁俭；丧，与其易⑧也，宁戚。』

【注释】

①季氏：鲁大夫季孙氏，这里指季平子。

②八佾：古代的奏乐舞蹈。佾是行列的意思。一佾八人，八佾共六十四人。周礼规定，天子用八佾，诸侯用六佾，大夫用四佾，士用二佾。季氏是大夫，按规定只能用四佾，而他越级用八佾，所以孔子认为这是一种不能容忍的僭礼行为。

③忍：容忍。

④三家者以《雍》彻：三家，鲁大夫孟孙氏、叔孙氏、季孙氏。《雍》，《诗经》中《周颂》的一篇。彻，同「撤」，撤除。

⑤相维辟公，天子穆穆：见《诗经·周颂·雍》。相，助祭的人。维，语助词，无实际意义。辟公，诸侯。穆穆，严肃静穆。

⑥如礼何：虽想用礼，但礼对他来说是不合适的。

⑦林放：鲁国人。

⑧易：治，把事情办得很周全。这里指把丧葬的礼仪办得尽善尽美。

【译文】

孔子谈到季氏，说：「他在庭院中奏乐舞蹈用了六十四人，这都可以狠心做出来，什么事不可以狠心做出来呢？」

孟孙、叔孙、季孙三家，在祭祀完祖先后，唱着《雍》这首诗歌来撤除祭品。孔子说：「《雍》诗中说：『助祭的是诸侯，天子严肃静穆地在那里主祭。』这样两行诗，用在三家大夫祭祖的厅堂上，取它哪一点意义呢？」

孔子说：『作为一个人，却不仁不义，怎样来对待礼呢？作为一个人，却不仁不义，怎样来对待乐呢？』

林放问礼的本质。孔子说：『你问的问题意义重大啊！一般的礼仪，与其奢侈，不如节俭些；丧葬仪式，与其办得尽善尽美，不如在心里真诚悲哀。』

【品读】

孔子认为，礼的本质不在于外在的形式，而是内心真性情的表达。有感于心，行之于外。与其追求外在的形式，不如注重实实在在的内容，否则便可能舍本逐末了。生活中许多事亦同此理。奢华的外在形式，不仅伤害到『礼』的内在本质，而且还会诱使当事人沉迷其中，进而偏离甚至背叛仪式的真正精神。

【故事】

大业六年（610年），西域各族使团和商旅，仰慕中原的富庶，纷纷来到东都洛阳。隋炀帝为了炫耀自己，于正月十五日下令举行盛大的欢迎会。在皇城门外大街，圈围戏场五千步，搭起了百座戏楼，招来一万八千名乐师，日夜演戏，歌声乐声，声闻几十里。夜幕降临后，张灯结彩，继续演唱。这次耗资巨大的百场戏，整整演了半个月，方才收场。

在这期间，各族商旅要到丰都县（即东市）进行贸易。隋炀帝于是下令整顿市容，各店肆都要粉刷墙垣，彩绘门窗，陈列新货，店员要穿锦衣丽服，连卖蔬菜的小商贩也要用精美的龙须席铺地。西域各族商人路经酒食店，店主要热情招待，吃喝免费，醉饱出门，以显示隋朝的富庶。但有客人们看出这是假象，有的人指着街市间树木上缠饰的彩绢质问说：『中国亦有贫者，衣不盖形，何不以此物与之，缠树何为？』

隋炀帝的虚荣浮夸，非但没有赢得各族的信任，反而招致了战争。

615年秋，当他再次出巡塞外时，突然遭到几十万突厥骑兵的袭击，雁门（今山西代县）一带的四十一座城市，竟然丢了三十九座。隋炀帝逃之不及，被围困在雁门城里。突厥急攻雁门，弓箭射到隋炀帝脚下，这位不可一世的暴君被吓得六神无主，抱着小儿子号啕大哭，眼睛都哭肿了。幸亏将士们奋力固守，后来才转危为安。

隋炀帝的愚蠢在于，他以为那些豪华的铺排仪式，既能显示自己统治的国家殷实富强，又能让『宾客们』感到莫大的满足。但在实际上，却收到了完全相反的效果。因为他所表现出的一切，既华而不实，又盛气凌人，难免会让人从内心感到不快和厌恶。

【原文】

子曰：「夷狄[①]之有君，不如诸夏之亡[②]也。」

季氏旅[③]于泰山[④]。子谓冉有[⑤]曰：「女弗能救与？」对曰：「不能。」子曰：「呜呼！曾[⑥]谓泰山不如林放乎？」

子曰：「君子无所争。必也射[⑦]乎！揖[⑧]让而升[⑨]，下而饮。其争也君子。」

【注释】

①夷狄：古代对东方和北方少数民族的蔑称，这里泛指当时边境地区的兄弟民族。

②诸夏：华夏族各诸侯国。亡：同「无」。

③旅：动词。古时候祭祀山川叫作旅。

④泰山：东岳，五岳之一，位于山东省中部。

⑤冉有：姓冉，名求，字子有。鲁国人，仲弓之族。

⑥曾：竟，难道。

⑦射：引弓发箭，这里指古时的射礼。

⑧揖：拱手作礼。

⑨升：上场，登场。

【译文】

孔子说：『边远地区的落后民族有个君主，还比不上中原华夏族各诸侯国没有君主哩。』

季氏要去祭祀泰山。孔子对冉有说：『你能阻止他吗？』冉有回答道：『不能。』孔子说：『哎呀！难道说泰山之神还不如林放懂得礼节吗？』

孔子说：『君子没有什么可争的事情。要是有争的话，那一定是比箭吧！互相作揖然后登场，射完走下来饮酒，那是一种君子式的竞赛。』

【品读】

中国有一句俗话叫『知足常乐』。佛教的理想是『少欲知足』。孟子有一句话：『养心莫善于寡欲』，是说若希望心能够正，欲望越少越好。他还说：『其为人也寡欲，虽不存焉者寡矣；其为人也多欲，虽有存焉者寡矣。』欲少则仁心存，欲多则仁心亡，说明了欲与仁之间的关系。

只有保持淡泊人生、乐趣知足的心态，才能体会出人生无尽的乐趣，达到人生的理想境界。

古人云：求名之心过盛必作伪，利欲之心过剩则偏执。面对名利之风渐盛的社会，面对物质压迫精神的现状，如果能做到视名利如粪土，视物质为赘物，不为利欲而争，就能在简单、朴素中体验心灵的丰盈和充实，并将自己始终置于一种平和、自由的境界。

【故事】

有兄弟两人穷困潦倒得连床也买不起，家徒四壁，只有两张长凳，他们两个每天晚上就在长凳上睡觉。

一日，佛祖实在不忍心他们如此潦倒，就悄悄对他们说：『过了后山，再翻一座山就是太阳山，你们可以去那里挖一些金子。但是你们必须在太阳升起之前就要赶快回来，否则太阳一升起，你们就有可能被晒死。』兄弟俩非常高兴，连忙向佛祖致谢：『肯定会在太阳升起之前就赶回来。』

第二天，兄弟俩起得特别早，一人拿着一个袋子就向太阳山奔去。一到太阳山，兄弟俩就开始往袋子里装金子。弟弟对哥哥说：『如果这里所有的金子都归我们就太好了。』哥哥说：『太阳要升起来了，咱们快下山吧。』弟弟终是不肯，看到满山的黄金，哪里还记得佛祖的教诲？没办法，哥哥只好自己先下山去了。

哥哥带着自己挖到的一点黄金，下山后做起了小买卖，没几年的时间就发了财，并娶了媳妇，一家人过得甜甜美美。然而可怜的弟弟却永远留在了太阳山上，当日，弟弟发现太阳已升起来，正准备下山时，整座山已开始融化，就这样他也被融化了。

终归是一个『贪』字，佛祖既是帮他，却也是害了他。欲望是无止境的，欲望太强烈，就会造成痛苦和不幸，这种例子不胜枚举。因此，我们应该尽力克制自己的欲望，培养清心寡欲、知足常乐的生活态度。佛家讲缘分，该是你的跑不掉，不该是你的争也是徒劳。

【原文】

子夏问曰：『「巧笑倩①兮②，美目盼③兮④，素以为绚⑤兮。」何谓也？』子曰：『绘事后素。』曰：『礼后乎？』子曰：『起⑥予⑦者商⑧也！始可与言《诗》已矣。』

子曰：『夏礼，吾能言之，杞⑨不足征⑩也；殷礼，吾能言之，宋⑪不足征也。文献⑫不足故也。足，则吾能征之矣。』

子曰：『禘自既灌而往者[13]，吾不欲观之矣[14]。』

或[15]问禘之说，子曰：『不知也；知其说者之于天下也，其如示诸斯乎[16]！』指其掌。

祭如在，祭神如神在。子曰：『吾不与[17]祭，如不祭。』

王孙贾[18]问曰：『与其媚于奥[19]，宁媚于灶[20]，何谓也？』子曰：『不然；获罪于天，无所祷也。』

【注释】

①倩：脸颊长得好，笑时带一对小酒窝。

②兮：语气助词，无义，相当于『啊』。

③盼：眼珠黑白分明的样子。

④巧笑倩兮，美目盼兮：出自于《诗经·卫风·硕人》。

⑤绚：指文采。

⑥起：启发。

⑦予：我。

⑧商：指子夏，姓卜，名商。

⑨杞：国名，夏禹的后代周武王时候的故城，在今河南省杞县一带。

⑩征：证明。

⑪宋：周初为殷朝王室所建立的封国，故城在今河南商邱县南。

⑫文：指有关典章制度的文字记载。献：指多闻多见，熟悉历史的贤人。

⑬禘：古代一种极为隆重的祭祀祖先的典礼，只有天子才能举行。灌：祭祀开始首次向受祭者献酒。

⑭不欲观之：鲁国国君实行禘祭时有越礼行为，所以孔子不想看。

⑮或：有人。

⑯示：同『置』，摆、放的意思。斯：这里。

⑰与：参与。

⑱王孙贾：卫国的大夫。

⑲媚：谄媚，讨好。奥：屋内的西南角，古人认为那里有神，这里指奥神。

⑳灶：烧饭的炉灶，这里指灶神。

【译文】

子夏问：『「有酒窝的脸笑得美，黑白分明的眼流露着媚态，洁白的底子上画上炫目的色彩」，这句话什么意思？』孔子说：『先以白色为底子，再上颜色。』

子夏说：『那么，礼乐是不是产生在仁义以后呢？』孔子说：『启发我的人是你啊，卜商，现在可以和你讨论《诗经》了。』

孔子说：『夏代的礼，我能述说，它的后代杞国不足以证明；殷代的礼，我能述说，它的后代宋国不足以证明。这是他们的历史文件和贤者不够的缘故。文件和贤人够了，我就能证明它们了。』

孔子说：『禘祭的仪式，从第一次献酒以后，我就不想看了。』

有人问孔子关于禘祭的道理。孔子说：『不知道。知道这种道理的人治理天下，就像把东西摆在这里一样容易！』孔子说时指着他的手掌。

孔子祭祀祖先时，就像祖先真的在面前，祭神时就像神真的在面前。孔子说：『我如果不能亲自参加祭祀而请人代理，那和不祭是一样的。』

王孙贾问道：『与其巴结奥神，宁可巴结灶神，这是什么意思？』孔子说：『不对；如果得罪了上天，祈祷也没用。』

【品读】

待人处世之『礼』，关键就在一个『诚』字。诚会让人感觉受到了尊重，从而身心愉悦，乐意为你尽心尽力，正所谓以心换心；而不诚之『礼』，则会让人感到被戏弄，受了污辱，因此非但不会帮忙，反而怀恨于心，伺机报复。

所谓『祭神如神在』，并不是要承认在人的世界之外又有一个所谓神的世界，而是指人的内心体验到的一种存在。它既是一种人的内在精神的提升与净化，更是一种待人处世的真诚态度。任何虚假的东西，都将如竹篮打水一样，不会带来任何收获。因为『吾不与祭，如不祭』，弄不好还有可能惹得人神共愤。

【故事】

陶朱公范蠡还住在陶时，生了第三个小儿子。等到他长大成人后，陶朱公的二儿子因杀人被楚国拘囚起来。陶朱公说：『杀人偿命是应该的，但我听说有千金之家财，其子可以不被处死于市中。』

于是备齐千金，准备让小儿子前去探视搭救。但大儿子也坚持要去，并说：『父亲不让我去，而让小弟去，一定是父亲认为我是不肖之子。』说着竟要自杀。夫人见此，再三强劝陶朱公。陶朱公不得已，只得让大儿子去，并附信一封，叫他交给自己过去的好友庄生，并对大儿子说：『到了以后，把礼金送上，然后一切客随主便，不要与他争辩。』

大儿子到后，便按照父亲的嘱咐去做了。见过庄生之后，庄生就对他说：『你快走，不要再继续留在这里了。即使你弟弟被放出来，也不要问是什么原因。』大儿子走后，并没有按庄生的吩咐回去，而是偷偷地住在楚贵人那里。庄生虽穷，却以廉洁耿直为标榜，楚王以下的大臣们都把他视为老师，非常尊重他。陶朱公的儿子所送千金之礼，庄生并无意收下。原本想把事情办成后，再退还给陶朱公，以为信守之据。然而，陶朱公的长子并不理解他的这番良苦用心。

一天，庄生找了个理由觐见楚王，说天上有星相显示，有事不利于楚国，只能用做好事的方法才能消除。楚王一贯信任庄生，于是就命人封住三钱之府，准备大赦天下。楚贵人欣喜地将此喜讯告诉了陶朱公长子。不料陶朱公长子想，大赦时弟弟一定会出来，千金岂不白送庄生了？于是就又去见庄生，庄生吃惊地问：『你怎么还没离开这里？』陶朱公长子说：『弟弟今将大赦，故而特来告辞。』庄生明白他的意思，就把钱还给了他。

庄生受了陶朱公长子的耍弄，感到是一种奇耻大辱，于是就又觐见楚王说：『楚王大赦是为了修德去凶，可楚国的百姓都说，陶地的富翁陶朱公的儿子杀了人被囚在楚，他们家里就用金钱来贿赂楚王左右的人，所以说楚王大赦并非为楚国百姓，只是为陶朱公的儿子一人着想罢了。』楚王听后大怒，下令将陶朱公的儿子立即处斩，然后才下大赦令。

陶朱公的长子救弟失败的原因就在于他礼不诚，这种行为本身就构成了对庄生的伤害，使他认为自己的人格、尊严及做事能力都受到了污辱。因此，他不辞劳苦地再帮『倒忙』的行为，也就不难理解了。可见，待人处世中的虚伪之礼，对人对己都没有好处，是万万要不得的。

【原文】

子曰：『周监于二代①，郁郁乎文哉②！吾从③周。』

子入太庙④，每事问。或曰：『孰谓鄹⑤人之子知礼乎？入太庙，每事问。』子闻之，曰：『是礼也。』

子曰：『射不主皮⑥，为⑦力不同科，古之道也。』

子贡欲去告朔之饩羊⑧。子曰：『赐也！尔爱其羊，我爱⑨其礼。』

子曰：『事君尽礼，人以为谄也。』

定公⑩问：『君使臣，臣事君，如之何？』孔子对曰：『君使臣以礼，臣事君以忠。』

【注释】

①监：同『鉴』，借鉴。二代：指夏、商二代。

②郁郁：丰富，繁盛。文：道艺，指礼乐制度。

③从：顺从，跟从。

④太庙：祭祀开国君主（太祖）的庙，这里指周公庙。

⑤鄹：又作『陬』，鲁国地名，在今山东曲阜东南。

⑥皮：革，这里指箭靶子。古代箭靶子用布或兽皮做成，箭靶子的中心称鹄。

⑦为：因为。科：等级，这里指力气的大小。

⑧去：去掉，除去。告朔：古代一种祭庙的仪式。朔：农历每月初一。天子于每年秋冬之交，把第二年的历书颁发给诸侯，历书中明确规定每月的朔日。诸侯把历书藏于祖庙，并根据历书规定，于每月初一杀一只活羊祭庙，这种仪式称为告朔。饩羊：祭祀用的活羊。

⑨爱：吝惜。

⑩定公：姓姬，名宋，鲁国君主。

【译文】

孔子说：『周朝的礼乐制度是借鉴夏朝、商朝的制度而建立起来的，多么丰富多彩呀！我赞成周朝的制度。』

孔子进到太庙中，每件事都问。有人说：『谁说鄹大夫的儿子知道礼呢？他进到太庙中，每件事都问别人。』孔子听到了这话，说：『这就是礼嘛。』

孔子说：『举行射箭比赛，不一定要穿破箭靶子，只要中靶就可以。因为各人的力气大小是不同的，这是古代行射礼时的规矩。』

子贡想去掉农历每月初一举行告朔仪式所用的活羊。孔子说：『子贡啊！你吝惜那只羊，我爱惜的是那告朔之礼。』

孔子说：『完全按照做臣子的礼节去侍奉君主，本是分内的事。可是，现在有的人却认为是向君主献媚讨好。』

鲁定公问道：『国君使用臣子，臣子侍奉国君，各应该是怎么样呢？』孔子回答说：『国君应该按照礼节去使用臣子，臣子应该竭尽忠诚地去侍奉君主。』

【品读】

『每事问』不仅表现了孔子对于礼的态度，同时也表现了孔子『重闻见』的观点，充分体现了孔子虚心好学、勤学好问的学风，并能身体力行。这种谦虚好学的精神是从古至今真正做学问者必备的素质。

『君使臣以礼，臣事君以忠』，这是孔子君臣之礼的主要内容。只要做到这一点，君臣之间就能和谐相处。

怎样处理君臣关系，这在封建社会政治层面上是一个重要问题，而孔子的解决方案，是要求双方都要有自律精神，这种『礼』和『忠』的双向伦理关系，对于我们今天的生活依然有重要的启发。我们常听到一些人抱怨别人『不够意思』，其实他首先应当考虑一下自己是否以礼对待别人；同样地，反过来也应当如此。俗话说『以心换心』，即使是上下级关系，也要『使人以礼』，因为只有这样，才能换来对方的尊重。

【故事】

三国时期刘备与诸葛亮这一对搭档，可以说是『君使臣以礼，臣事君以忠』最为典型的例证。『三顾茅庐』是刘备求才的佳话，之所以千古流传，是由于它展现了刘备的求才之心切，爱才之德盛，而且礼数感人。也正因为刘备有三顾茅庐，才有后来诸葛亮的『鞠躬尽瘁，死而后已』。

刘备『三顾茅庐』，那种诚心访求人才、尊重人才、尽礼待人的态度确实是感人的。刘备三顾茅庐时，一连两次都扑了空，第三次，刘备终于见到了仰慕已久的诸葛亮。刘备立即谦逊地请教：『现在汉朝崩溃，天下大乱，权臣控制朝政。我不度德量力，想伸义于天下，完成统一大业，恢复汉朝的统治，但由于才疏德薄，屡遭挫折，至今一无所成。不过，我并未因此而心灰意冷，还想干一番事业，希望先生为我谋划。』

诸葛亮为刘备的诚心和正义的雄图所感动，便决心倾其所能以报知己。于是他毫无保留地对当时的天下形势从政治、经济、军事、地理、人事等方面进行了精辟分析，并为刘备具体谋划了战略目标、战略步骤，这就是著名的『隆中对策』。刘备听后赞叹不已，相见恨晚，于是热诚地邀请诸葛亮出山辅佐自己成就大业。诸葛亮慨然应允。

赤壁大战后，诸葛亮积极谋划，并不辞劳苦，亲自征战，使刘备出兵占领了荆州以南的地区，继而又占领了益州。建安二十二年（217年），诸葛亮又在定军山大破曹军，使刘备一举占领了汉中。为了稳定社会、革新政治，诸葛亮严格执法，惩处豪强，任人唯贤。刘备得荆州，进益州，据汉中，建蜀汉，都与诸葛亮竭忠尽职分不开。

诸葛亮追随、报答刘备，充分体现了『臣事君以忠』。当然，这是以刘备『君使臣以礼』为前提的。可见，这种双向互动在人际关系中是多么重要。

【原文】

子曰：『《关雎》①，乐而不淫②，哀而不伤。』

哀公问社于宰我③。宰我对曰：『夏后氏以松④，殷人以柏，周人以栗，曰，使民战栗⑤。』子闻之，曰：『成事不说，遂⑥事不谏，既往不咎。』

子曰：『管仲之器小哉⑦！』

或曰：『管仲俭乎？』曰：『管氏有三归⑧，官事不摄⑨，焉得俭？』

『然则管仲知礼乎？』曰：『邦君树塞门⑩，管氏亦树塞门；邦君为两君之好，有反坫⑪，管氏亦有反坫。管氏而知礼，孰不知礼？』

【注释】

①《关雎》：《诗经》中的一篇。

②淫：过分以至于失其正。

③社：土地神，这里指用木头制作的土地神的神主。宰我：名予，字子我，孔子的学生。

④夏后氏：指夏代。以松：用松木做社主。古人以木制牌位代替土地神，享受祭祀。

⑤战栗：发抖，害怕。

⑥遂：已经完成。

⑦管仲：名夷吾，仲是他的字。器：器度、器量。

⑧三归：前人对此有各种解释，据杨伯峻解释，三归是指市租，较为妥当。

⑨官事不摄：家臣不兼职，意思是他所设置的家臣很多。

⑩塞门：门前起遮蔽作用的墙壁，类似后世的照壁。

⑪反坫：厅堂上用以放置器物的土台。

【译文】

孔子说：『《关雎》虽然是歌颂爱情的诗，但它的内容快乐而不放荡，悲哀而不过分伤感。』

鲁哀公向孔子的学生宰我询问有关供奉社神的问题。宰我回答说：『夏代人用松木，殷代人用柏木，周代人用栗木。周代人用栗木的意义是让老百姓害怕。』孔子听到这些话，就责备宰我说：『已经做过的事就不用再解释了，已经完成的事就不要再劝阻了，已经过去的事就不要再责备了。』

孔子说：『管仲的器度狭小啊！』

有人问：『管仲俭约吗？』孔子说：『管某人收取市租，家臣不兼职，哪能俭约呢？』

那人又问：『那么管仲知道礼吗？』孔子说：『国君设立照壁，管某人也设立照壁；国君为了接待他国君主，有放置酒杯的坫台，管某人也有放置酒杯的坫台。如果管某人知道礼，那还有谁不知道礼呢？』

【品读】

孔子说：『成事不说。』就是要告诉我们：做事情不要被已经发生的事情所困扰，没有必要因为做错了什么事情而过于悔恨，眼光要向前看。

过去的已经过去，历史不能从头开始，不能从头改写。为过去哀伤、遗憾，除了劳心费神，分散精力，没有一点益处。要想发挥自己的潜能，取得事业的成功，必须勇于忘却过去的不幸与挫败，重新开始新的生活。

【故事】

东汉大臣孟敏，年轻的时候曾卖过甑。有一天，他的担子不小心掉在地上，甑被摔碎了，他头也不回地径自离去。有人问他：『甑摔坏了多可惜啊，你为什么都不回头看一看呢？』孟敏十分坦然地回答：『甑既然已经破了，再疼惜它也没有什么好处了。』是的，甑再珍贵、值钱，再与自己的生计息息相关，可它被摔破，已是无法改变的事实，你为之感到可惜，心急如焚，顾之再三，又有什么益处呢？

这就是明代大学问家曹臣《说典》中的一则小故事：《甑已摔破，顾之何益》。这个故事告诉我们：不要为无法改变的事痛惜、后悔、哀叹、忧伤。这可以说是古今中外聪明人的共同之处了。

【原文】

子语鲁大师①乐，曰：『乐其可知也：始作，翕如②也；从③之，纯④如也，皦⑤如也，绎⑥如也，以成。』

仪封人⑦请见，曰：『君子之至于斯也，吾未尝不得见也。』从者见之。出曰：『二三子何患于丧乎⑧？天下之无道也久矣，天将以夫子为木铎⑨。』

子谓《韶》⑩，『尽美矣，又尽善也』。谓《武》⑪，『尽美矣，未尽善也。』

子曰：『居上不宽⑫，为礼不敬，临丧⑬不哀，吾何以观之哉？』

【注释】

①大师：主管音乐的官员。

②翕如：形容声音一齐奏响。如，表示样子、状态。

③从：指展开。

④纯：指节拍和谐。

⑤皦：清晰。

⑥绎：连续不断。

⑦仪：地名，属卫国，今地不详。封人：官名，具体职守不明，大体是地方上的长官。

⑧二三子：诸位，此指孔子的弟子。丧：此指景况不好。

⑨木铎：古代用以召集众人的铜铃，里面的铃锤是木质的，故名。

⑩《韶》：相传是舜时歌颂世道升平的乐曲名。

⑪《武》：相传是周初歌颂灭商武功的乐曲名。孔子对这两种乐曲的不同评价，体现了他对于舜和武王取天下方式（禅让与征伐）的不同态度。

⑫宽：宽宏大度。

⑬临丧：参加丧礼。

【译文】

孔子告诉鲁国太师奏乐之道，说：『奏乐是能通晓的：开始演奏时，五音齐鸣；展开时，音律和谐，节奏分明，连绵不断，以此完成乐曲。』

仪邑的地方长官求见孔子，说：『凡有君子来到敝邑，我从没有得不到接见的。』侍从的弟子使他见了孔子。他出来后说：『你们何必担心不遇呢？天下无道很久了，上天将要把夫子作为醒世的木铎。』

孔子谈到《韶》乐，说它『极其美好，又非常完善』。谈到《武》乐，说它『极其美好，但还不够完善』。

孔子说：『居于高位不宽厚，行礼不恭敬，临丧不悲哀，我为什么去观瞻呢？』

【品读】

立身处世不能太清高，对于污浊、屈辱、丑恶的东西要能够承受；与人相处不能太过计较，对于善良的、邪恶的、智慧的、愚蠢的人要能够理解包容。『居上不宽……吾何以观之哉？』孔子意在劝告人们应学会包容。

心胸狭窄之人，无论在安邦治国，还是在个人的发展上，都不可能成大器。俗话说，宰相肚里能撑船，其主旨就是要有广阔的胸襟、宽容的度量，能容纳荣辱冷暖，方能治国经世。用人之道如此，为人之道亦如此。

【故事】

南宋时，金兀术采用火攻，烧毁了韩世忠的海舰。韩世忠退至镇江，收集残兵，只剩三千多名，还损失了两员副将，一是孙世询，一是严允。韩世忠懊丧万分。

梁夫人劝道：『胜败乃兵家之常事，事已如此，追悔也莫及了！』

韩世忠答道：『昨日还接奉上谕褒奖，现在竟弄得损兵折将，我将如何向皇上交代呢？』于是，韩世忠上章自劾。高宗接到了韩世忠自劾的奏章，正想下诏处分时，忽然接到太后手谕。

太后在手谕中告诉高宗，三军易得，一将难求。像韩世忠这样的人，忠勇无比，世上无人可与他匹敌。现在因寡不敌众，以致先胜后败，应当宽其既往，以鞭策将来，不必加罪责备，让勇士寒心。

高宗阅后恍然大悟，便照太后所说的办。

韩世忠原来以为打了败仗，皇上定要加以处分。忽然有一日，卫兵进来报告说：『钦使到了，请将军接旨。』

韩世忠连忙更换朝服出迎，跪听宣读诏书，不禁喜出望外。原来诏书中一味褒奖，并无半句责备之语。诏书中说：『世忠部下仅有八千人，能摧金兵十万之众，相持四十八日，屡次获得胜利，擒斩贼虏无数。今日虽然失败，功多过少，不足为罪。特拜检校少保兼武成感德节度使，以示劝勉。』

韩世忠心中非常感动，拜受诏命。送钦使回朝后，就捧着诏书，回到内衙给梁夫人看。梁夫人说：『皇上这样待咱们，咱们更应多杀敌，报效朝廷。』

在以后的抗金战斗中，韩世忠的军队更加英勇杀敌，多次取得胜利。

胜败乃兵家常事，高宗听从太后之言，没有处分韩世忠，反而加官晋爵，使韩世忠感恩戴德，更加为朝廷效力。

里仁第四

【原文】

子曰：『里仁为美。择不处仁，焉得知①？』

子曰：『不仁者不可以久处约②，不可以长处乐。仁者安仁，知③者利仁。』

子曰：『唯仁者能好④人，能恶⑤人。』

子曰：『苟志于仁矣，无恶也。』

子曰：『富与贵，是人之所欲也；不以其道得之，不处也。贫与贱，是人之所恶也；不以其道得之，不去也。君子去仁，恶⑥乎成名？君子无终食之间违仁，造次⑦必于是，颠沛必于是。』

子曰：『我未见好仁者，恶不仁者。好仁者，无以尚之；恶不仁者，其为仁矣，不使不仁者加乎其身。有能一日用其力于仁矣乎？我未见力不足者。盖⑧有之矣，我未之见也。』

子曰：『人之过也，各于其党⑨。观过，斯知仁矣。⑩』

【注释】

①知：通『智』，聪明。

②约：穷困。

③知：通『智』，聪明。

④好：喜爱。

⑤恶：厌恶。

⑥恶：哪，怎么。

⑦造次：仓促，匆忙。

⑧盖：大概。

⑨过：过错。党：集团，类别。

⑩斯：那么，就，连词。仁：通『人』。

【译文】

孔子说：『安居于仁才是最美的，择身所居而不选择仁，怎么算得上聪明呢？』

孔子说：『不仁德的人不能长久地处于贫穷中，也不能长久地处于安乐中。有仁德的人安于仁德，聪明人则因为知道仁对自己有好处而实行仁。』

孔子说：『只有有仁德的人才能正确地喜欢人和厌恶人。』

孔子说：『如果有志于实行仁德，就不会干坏事了。』

孔子说：『富足和尊贵，是每个人都希望得到的；但是如果不用正当的办法得到它，君子不会接受。贫困和卑贱，是每个人都厌恶的，但是如果不用正当的办法摆脱它，君子也不会摆脱它的。君子如果抛弃了仁德，又怎样能够成就他的名声呢？君子在一顿饭的时间内都不会背离仁德，即使在最紧急的时刻都是这样，在颠沛流离的时候也是这样。』

孔子说：『我没有见到一个爱好仁德的人和讨厌不仁德的人。爱好仁德的人，那是再好不过的了；厌恶不仁德的人，是因为不使不仁德的人对自己有不好的影响。有能够用一天的时间把力量花在仁德上的人吗？我没有见过（实行仁德）力量不够的人。大概有这样的人吧，但我没有见到过。』

孔子说：『人们的过错，按照人的情况不同而有不同的类别。只要看一看这个人的错误，就可知他属于哪一类人了。』

【品读】

客观环境对人有一定的影响，选择一个充满仁德的地方居住，耳濡目染，自己就能受到仁德之风的潜移默化，日进其德。『孟母三迁』的故事也说明了外在环境对人成长的重要性。以德为邻，依仁而居，择善而处，古风如此。不过，受条件所限，人的居住环境往往不由自己选择，但是我们可以选择交往的朋友，可以按照仁选择与人为善的待人态度。

真正有智慧修养的人，无论处于贫富之际，得意失意之间，都能够把握住自己，都会乐天知命、安之若素。既不因得意而忘形，也不因失意而怨天尤人。

希望拥有富贵，摒弃贫贱，是人之常情，但是当两者与道义发生冲突时，自应坚守道义。这也是历代仁人君子所恪守的生活准则。这种观点对于今天的我们而言，同样适用，在任何时间、任何条件下都不能违背仁德。

【故事】

清朝初年，安徽桐城出了许多名人。比如散文家方苞，历仕康熙、雍正、乾隆三朝的大学士张廷玉等。张廷玉的父亲张英也是康熙时期文华殿大学士，因『仁义巷』而美名远扬。

当时，张英家的邻居姓叶，也是一位职位比较高的官员。这一年，这位邻居要翻造房屋，在重新打院墙桩基时，把他们家的墙基悄悄向张家移了三尺。

张英的夫人知道后，很是生气，便写信将邻居强占自家地基的事告诉丈夫张英，要丈夫出面解决。张英得悉邻居与家里发生了争地界的事，就给他的夫人写了一封回信。夫人拆开信，只见是一首诗：

千里修书只为墙，让他三尺又何妨？长城万里今犹在，不见当年秦始皇。

常言道：远亲不如近邻。张英的夫人看完信后，接受了丈夫的劝导，不再提这件事，并主动把墙基后退了三尺。看到张家主动礼让三尺，叶家很是惭愧，于是，把砌好的墙拆了，也把墙基退回三尺。

张叶两家各退三尺，便空出了一个六尺宽的小巷。这六尺巷被后人称作『仁义巷』，这件事也成了桐城人的佳话。

【原文】

子曰：『朝闻道，夕死可矣。』

子曰：『士志于道，而耻恶①衣恶食者，未足②与议也。』

【注释】

①耻：以……为耻辱，作动词。恶：粗陋。

②足：值得。

【译文】

孔子说：『早晨明晓了真理，纵然当晚死去也是值得的。』

孔子说：『有志于探求真理却以吃得不好穿得不好为羞耻的读书人，是不值得跟他进行讨论的。』

【品读】

『朝闻道，夕死可矣。』这是儒家对待生死的态度。明了了世间万事万物发展规律的人，就可以做到乐天知命，知足常乐，而不会终日忧戚，担心衰老生病，恐惧死亡。

君子食无求饱，居无求安。对于真理的追求，是学习的根本目的。只要与真理为伍，对于穿破衣、吃粗粮的穷困生活亦能泰然处之。我们在日常的学习生活中亦应该以学习为重，而不应该把精力都放在衣食住行的攀比上。

如果一个人真正立志于修道，当然这个『修道』是儒家的『道』，也就是说可以以出世离尘的精神做入世救人的事业。如果立志于修道的人却贪图享受，那就没有什么可谈的了，因为他的心志已经被物质欲望侵占了。『士志于道，而耻恶衣恶食者，未足与议也。』孔子这句话是说，一个人的意志，如果会被物质环境引诱、转移的话，那就无法和他谈学问、谈人道了。

【故事】

刘宠，字祖荣，东汉东莱牟平（今山东省烟台市牟平区）人，官至司徒、太尉。其为人清廉不贪，爱民如子，曾感叹：『为官之道，舍一分则民多一分赐，取一文则官少值一文钱！』

刘宠担任会稽太守期间，清正廉明，洁身自好。后卸任，临行之前六位老人结伴前来为太守送行。老人们说：『以前为官者贪钱恋物，常常闹得鸡犬不宁，百姓寝食难安。自从您任太守，官吏克己奉公，百姓安居乐业。今日太守要走，大家实感难舍难离，特来专程相送，以表心意。』说着，每人托出一百文钱，要送给刘宠留着途中使用。刘宠听罢，十分感动地说：『父老乡亲如此过奖，我实在惭愧。大家的心意我领受了，但这钱我不能收，还是请带回去吧！』老人们情真意切，执意赠送，刘宠只得从各人手中选一大钱受之，老人们这才称谢作别。当刘宠出山阴县至西小江时，便将收下的那几文钱轻轻地投进了河中。

人们为纪念这位勤政清廉、为民造福的太守，把此地改称『钱清』，并建祠纪念，人称『一钱太守庙』；又在临江建一亭，取名『清水亭』。

【原文】

子曰：『君子之于天下也，无适也，无莫也，义之与比①。』

子曰：『君子怀德，小人怀土；君子怀刑，小人怀惠②。』

子曰：『放③于利而行，多怨。』

【注释】

①无适：没有专门的规定一定要这样。无莫：没有专门的规定不能这样。义：宜，适合。比：挨着，靠近。

②怀：思念。土：乡土。刑：法令制度。惠：恩惠。

③放：通『仿』，依照，仿效。

【译文】

孔子说：『君子对于天下的事情，没有固定不变地（要求）要怎样做，也没有固定不变地（认为）

不应该怎么做，而是怎样合理恰当，就怎么去做。』

孔子说：『君子时常想着道德，小人时常思念乡土；君子关心法令制度，小人贪图私利。』

孔子说：『一切依照个人利害关系行事，就容易招来别人的众多怨恨。』

【品读】

真正有远大志向和做事有眼光的人，总会在坚持某种原则的基础上，运用灵活的方法去行事。这既保证了自己的权威和公信力，又不会把事态弄僵。这种方法，已被越来越多的人奉为立身处世的准则。

【故事】

春秋时期，晋国、燕国联合出兵攻打齐国，齐国节节败退。齐景公召集文武大臣商量如何挽救危局。坐在齐景公身边的是相国晏婴，他认为最要紧的是选拔一个得力的统帅。他向齐景公说：『臣举荐一人，名叫田穰苴，他文能服众，武能慑敌，希望大王试一试。』

齐景公立即召见田穰苴，和他谈用兵之法、退敌之计。齐景公听后非常高兴，认为他确实是难得的帅才，便当场宣布田穰苴为齐军最高统帅，由他率领大军抵抗晋燕之师，保卫齐国。

田穰苴受命之后，向齐景公请求说：『我素来卑贱，大王虽然提拔我为大将，位居大夫之上，但恐怕人心不服，人微言轻，请大王派一位您最信任的显贵为监军，才好发兵！』

齐景公马上同意，任命他最宠爱的贵戚大臣庄贾为监军。田穰苴和庄贾约定，次日正午在军营的大门口集合出发。

第二天，田穰苴提前在军营门口等候庄贾。庄贾平时就十分傲慢，仗着是齐景公的宠臣，根本无视田穰苴和军中的纪律。过了正午他还没有到，田穰苴只好独自发布命令，部署军队。直到黄昏时分，庄贾才慢腾腾地来了。

田穰苴责问庄贾：『你身为监军，为何不按时到来？』庄贾满不在乎地说：『哎呀！听说我当了监军，亲戚朋友都来送行，留下喝酒啊，结果晚来一步！』田穰苴很严肃地说：『一个带兵的人，从接到委任的那一刻起，就应当忘掉自己的家；治理军队就应当忘掉自己的亲人；临阵对敌，就应当忘掉自己。如今强敌压境，举国上下人心浮动，士卒在边境死战，国君寝食不安，百姓生命难保，社稷危在旦夕，你还有什么心情饮酒作乐？』随即调过头去问站在一旁的军正官：『按照军法，约定时间而不能准时到达应当怎么办？』军正官说：『杀头！』庄贾听到这两个字，顿时吓出一身冷汗。

田穰苴立刻命人将庄贾押下去斩首示众，庄贾的手下忙去报知齐景公。

齐景公听到田穰苴要斩庄贾，立即派使臣持符节去营救，但已经来不及了。使臣因在军中驾车奔跑，也犯了军令，本应斩首，因为持有君命，田穰苴命令斩其仆从及左骖，毁其车左边的立木，以晓示三军，并派使者向齐景公汇报，然后发兵。

从此，再无人敢违军令，军威大震，田穰苴带领齐军抗击燕、晋联军，收复失地，取得胜利。

齐景公闻捷大喜，称赞田穰苴是个治国安邦的栋梁之材。

田穰苴有治军的决心和能力，但同时又请求显贵做监军；他严格执法，但又能变通赦免使臣。这种既有坚定的原则，又不墨守成规，能够根据实际条件，决定自己该怎样做才能取得最佳效果的做事方法，是值得我们学习的。

【原文】

子曰：『能以礼让为国乎？何有[①]？不能以礼让为国，如礼何？』

子曰：『不患无位，患所以立。不患莫己知，求为可知也。』

子曰：『参乎！吾道一以贯[②]之。』曾子曰：『唯。』子出，门人问曰：『何谓也？』曾子曰：

『夫子之道，忠恕而已矣。』

【注释】

①为：治理。何有：即『有何』，意思是有什么困难。

②贯：贯穿。

【译文】

孔子说：『能够用礼让来治理国家吗？这有什么困难呢？如果不用礼让来治理国家，那又能怎样实行礼呢？』

孔子说：『不担心没有职位，只担心没有任职的本领。不担心没人了解自己，只设法拥有使别人了解自己的本领就行了。』

孔子说：『参啊！我的学说贯穿着一个基本思想。』曾子说：『是。』孔子走出去后，别的学生问道：『这是什么意思？』曾子回答说：『他老人家的学说，就是忠和恕罢了。』

【品读】

一个人如果有真才实学，就应抓住一切机会体现自己的价值。更重要的一点是，不管你是否有相应的地位，都不要患得患失。要以积极进取的态度工作、学习和生活，而不要怨天尤人。

忠厚宽恕，即做人做事尽心竭力，对人宽恕、包容。这是仁的基本精神，也是构建和谐社会的基础。作为青年学子，要注意培养自己良好的素质和人格，做到『忠』和『恕』。『忠』就是要忠于家庭，忠于事业，忠于国家；『恕』就是要严于律己，宽以待人，己所不欲，勿施于人。

【故事】

辛弃疾（1140—1207年），原字坦夫，后改字幼安，号稼轩。南宋豪放派词人、爱国将领，有『词中之龙』之称。

辛弃疾出生时，北方就已沦陷于金人之手。他的祖父辛赞虽在金国任职，却一直希望有机会能够拿起武器和金人决一死战，因为辛弃疾的先辈和金人有不共戴天之仇，并常常带着辛弃疾『登高望远，指画山河』（出自《美芹十论》）。同时，辛弃疾也亲眼目睹汉人在金人统治下所受的屈辱与痛苦。这一切使他在青少年时代就立下了恢复中原、报国雪耻的志向，因而他有一种燕赵奇士的侠义之气。

绍兴三十一年（1161年），金主完颜亮大举南侵，在其后方的汉族人民由于不堪金人严苛的压榨，奋起反抗。21岁的辛弃疾也聚集了2000人，参加了由耿京领导的一支声势浩大的起义军，并担任掌书记。

当金人内部矛盾爆发，完颜亮在前线为部下所杀，金军向北撤退时，辛弃疾于绍兴三十二年（1162年）奉命南下与南宋朝廷联络。在他完成使命归来的途中，听到耿京被叛徒张安国所杀、义军溃散的消息，便率领五十多人袭击几万人的敌营，把叛徒擒拿带回建康，交给南宋朝廷处决。

在起义军中的表现，以及辛弃疾惊人的勇敢和果断，使他名重一时。宋高宗便任命他为江阴签判，从此开始了他在南宋的仕宦生涯。

辛弃疾初来到南方时，对南宋朝廷的怯懦和畏缩并不了解，加上宋高宗曾赞许过他的英勇行为，不久后即位的宋孝宗也一度表现出想要恢复失地、报仇雪耻的锐气，所以他在南宋任职的前一时期中，曾写了不少有关抗金北伐的建议，像著名的《美芹十论》《九议》等。尽管这些建议书在当时深受人们称赞，广为传诵，但朝廷却反应冷淡，只对辛弃疾所表现出的实际才干很感兴趣，先后把他派到江西、湖北、湖南等地担任转运使、安抚使一类重要的地方官职，负责治理荒政、整顿治安。

嘉泰三年（1203年），主张北伐的韩侂胄起用主战派人士，已64岁的辛弃疾被任为绍兴知府兼浙东安抚使，年迈的辛弃疾精神为之一振。次年，他晋见宋宁宗，认为金国『必乱必亡』（《建炎以来朝野杂记》乙集），被加为宝谟阁待制、提举佑神观，并奉朝请。不久后，出任镇江知府，获赐金带。

开禧三年（1207年）秋，朝廷再次起用辛弃疾为枢密都承旨，令他速到临安（今浙江杭州）府赴任。但诏令到铅山时，辛弃疾已病重卧床不起，只得上奏请辞。同年九月初十（10月3日），辛弃疾病逝，享年68岁。据说他临终时还大呼『杀贼！杀贼！』。

辛弃疾一生以恢复失地为志，以功业自许，却命运多舛、壮志难酬。但他始终没有动摇恢复中原的信念，而是把满腔激情和对国家兴亡、民族命运的关切、忧虑，全部寄寓于词作之中。其词艺术风格多样，风格沉雄豪迈又不乏细腻柔媚之处。其词题材广阔又善化用典故入词，抒写力图恢复国家统一的爱国热情，倾诉壮志难酬的悲愤，对当时执政者的屈辱求和颇多谴责，也有不少吟咏祖国河山的作品。

【原文】

子曰：『君子喻于义，小人喻于利。』

子曰：『见贤思齐①焉，见不贤而内自省②也。』

【注释】

①见贤思齐：见到贤人，就思考要和他相同。贤，贤者、贤人。思，思考。齐，相等、相同。

②自省：自我反省。

【译文】

孔子说：『君子明白的是义，小人明白的是利。』

孔子说：『见到贤人，应该想向他看齐；见到不贤的人，便应该自我反省（看有没有同样的毛病）。』

【品读】

君子与小人的区别在于他们的行事标准不同。君子明白道义，以此来决定取舍；小人只知财利，即使违背道义也在所不惜。义与利不是绝对对立的，承认追求利的合理性，适度地追求物质生活，但前提是不违背君子之道。

看到好人好事应有学习之心，并努力效仿；看到不贤之人就应该自我反省，引以为戒。《论语·述而》篇曰：『三人行，必有我师焉：择其善者而从之，其不善者而改之』，说的也是这个意思。

【故事】

公元前100年，汉武帝派苏武出使匈奴。单于诬陷苏武与匈奴内部叛乱有关，将苏武一行扣押了起来。

匈奴单于数次派人劝降苏武，并许以高官厚禄，均被苏武义正辞严地拒绝。汉朝叛节使臣卫律前来劝降，苏武怒气冲冲地说：『你身为汉臣，却背叛了父母，背叛了朝廷，如此的厚颜无耻，还有什么资格来和我说话？我是决不会投降的！』

单于知道后非常恼怒，把苏武流放到北海边（今西伯利亚贝加尔湖西岸）放羊。苏武到了北海，以冰雪为饮水，以毛毡、田鼠、草籽为粮食，依然坚贞不屈，坚持使者的气节，维护国家的尊严。此时，唯一与他做伴的就是那根代表朝廷的旌节。每天不管是牧羊，还是睡觉，他都把它放在身边，以至系在旌节上的牦牛尾毛全部脱尽了。

一晃十数年过去了，公元前85年，汉昭帝派使者到匈奴去，要单于放回苏武，匈奴谎称苏武已死。后来，汉使者又出使匈奴，苏武的随从人员常惠设法将苏武持节不变的事情告诉汉使，并巧使计策，让汉使对单于说：『汉朝天子在御花园打猎时射下一只大雁，雁脚上系着一封写在帛上的信，上面写着苏武没死，而是在一个大泽中。』汉朝使节依言而行，单于听后非常惊奇，而又无法抵赖，只好将苏武放回。

苏武被扣在匈奴共十九年，当初壮年出使，等到回来，胡须头发全都白了。苏武死后，汉宣帝将其列为麒麟阁十一功臣之一，以表彰其节操。

【原文】

子曰：『事父母几①谏，见志②不从，又敬不违，劳而不怨。』

子曰：『父母在，不远游，游必有方③。』

子曰：『三年无改于父之道，可谓孝矣。』

子曰：『父母之年④，不可不知也。一则以喜，一则以惧⑤。』

【注释】

①几：轻微，婉转。

②志：心意。

③方：去处。

④年：年纪。

⑤惧：担忧。

【译文】

孔子说：『侍奉父母，（如果父母有过失）应该婉言劝止，看到自己的意见没有被听从，应该照样恭敬，不触犯他们，即使内心忧劳也不怨恨。』

孔子说：『父母活着时，不作远行，即使不得已远行，也应有一定的去处。』

孔子说：『如果三年不改变父亲生前的行为原则，就可以说是孝了。』

孔子说：『父母的年纪，不可不时时记在心上。一方面因父母寿高而高兴，一方面又因他们寿高而有所忧惧。』

【品读】

『父母在，不远游』的用意，在于父母年事已高，随时可能会有身体不适的情况，做子女的理应随时照顾，以尽孝道。然而现今的社会，做子女的不可能永远待在父母身边。但是不管去哪里，应安顿好父母的生活，让父母知道自己的去向。现在交通和通讯都很发达，在外工作或求学，常回家，常打电话、发短信或视频问候父母并向父母报平安，均为孝之道。

孔子让我们为父母长寿而欣喜，希望他们更长寿；同时为父母年迈而担忧。人生一大悲哀就是『子欲养而亲不待』，所以，好多事情别等明天，应该马上开始行动。在父母生日的时候，送上一束鲜花、一盒蛋糕，或打个电话祝福，都会给父母带来欣喜和慰藉。

【故事】

《陈情表》一文，文辞婉转，情真意切，千百年来不知道感动了多少人。它的作者是以『孝』闻名天下的李密。李密从小境遇不佳，出生六个月就死了父亲，四岁时舅父又强迫母亲何氏改嫁，他是在祖母刘氏的抚养下长大成人的。

李密自幼勤奋好学，加上祖母的督导和名师的指点，他的学业大有长进，在地方上享有很高的声誉。尤其是他侍奉祖母的盛名，连当时的晋武帝也多次下诏希望他能入朝为官。可是当时李密的祖母已经九十六岁了，李密珍惜祖孙两人相依为命的美好时光，不愿意离开祖母，因此写下了千古名篇《陈情表》。在这篇文章中，李密用声情并茂的语言向皇帝阐述了自己对祖母的依恋之情。晋武帝为李密的孝心所感动，同意暂缓招李密入朝，还责令郡县提供赡养他祖母的生活费用；待他祖母去世，又准许他在祖母去世后服满守丧的期限再出来做官。这些感人的事迹被收录在《晋书·孝友传》中。

【原文】

子曰：『古者言之不出，耻躬①之不逮②也。』

子曰：『以约③失之者鲜矣。』

子曰：『君子欲讷④于言而敏于行。』

子曰：『德不孤，必有邻。』

子游曰：『事君数⑤，斯⑥辱矣；朋友数，斯疏矣。』

【注释】

①躬：自身。

②逮：赶上。

③约：约束。

④讷：语言迟钝。

⑤数：屡次，多次。这句话的意思是服侍君主，向他进谏时，如果不听，应适可而止。不要反复力谏，不然就会招致侮辱。向日常交往的朋友提意见，如不听，也要适可而止，不要反复指责，否则就会彼此疏远。

⑥斯：就。

【译文】

孔子说：『古时候人们不轻易把话说出来，因为他们以自己的行为赶不上言语为可耻。』

孔子说：『因为俭约而犯过失的事是很少的。』

孔子说：『君子说话要谨慎迟钝，做事要敏捷勤奋。』

孔子说：『有德的人不会孤单，必定会有同类的人去亲近他。』

子游说：『对待君主过于密切，就会招致侮辱；对待朋友过于密切，就会走向疏远。』

【品读】

『海内存知己，天涯若比邻。』在古人看来，有道德的人即便在短时间内没有互相呼应的伙伴，但是时间长了就总会有与他相亲近的人。道不远人，高尚的道德、完美的人格，是我们赢得『必有邻』的前提和基础。正因为我国传统文化崇德厚道的思想代代相传，才长期保持了社会的稳定进步，成为享誉世界的礼仪之邦。

人际交往中，一个人道德品质和修养的高低，是决定与他人相处得好与坏的重要因素。道德高尚，个人修养好，就容易赢得他人的信任与友谊；如果不注重个人道德与品质修养，就难以处理好与他人的关系，交不到真心朋友。我们身边就不

乏这样的人，有的人看自己一枝花，看别人豆腐渣，处处自我感觉良好，盛气凌人；还有的人往往从一己私利出发，见到好处就争抢，遇到问题就相互推诿，甚至给别人拆台。这些人之所以难有朋友，归根结底，就是在自身道德品质和个人修养方面出了问题。

【故事】

战国时期，魏国的公子信陵君最爱招揽天下贤能之士。当时有一个年过七十却只做了个看守大梁东城门的小吏的隐士，叫侯嬴，他家境贫寒，但颇有才华。信陵君很希望将他纳入自己的门下，于是亲自去拜访侯嬴，并馈赠于他极为贵重的礼物。但令信陵君万万没有想到的是，侯嬴竟然婉

言谢绝了。

一天，公子府大摆筵席。当酒席摆好后，信陵君带着随从亲往东城门迎接侯嬴。侯嬴也不谦让，直接坐到信陵君的身边，企图用自己的傲慢无礼激怒信陵君。而信陵君却还亲自驾驶马车，态度也没有丝毫不恭敬。刚走出不远，侯嬴就对信陵君说：『我有个朋友在屠宰场，您能送我去看他吗？』信陵君毫不犹豫地就将车赶到了屠宰场。

侯嬴见到自己的朋友朱亥后，故意把信陵君晾在一边，而自己却和朋友谈话。侯嬴一边谈话，一边注意观察信陵君的反应，他发现信陵君的表情更加温和了。因为信陵君的亲朋好友都在等着他回去开筵，他的随从都暗骂侯嬴不识抬举，市人也都好奇地观看着眼前所发生的一切，可信陵君自始至终都和颜悦色。

来到公子府，侯嬴被信陵君请到了上座。信陵君还向他介绍了在座的宗室、将相，并亲自为他斟酒。直到这时，侯嬴才真正佩服信陵君。

公冶长第五

【原文】

子谓公冶长①：『可妻②也。虽在缧绁③之中，非其罪也。』以其子④妻之。

子谓南容⑤：『邦有道，不废；邦无道，免于刑戮』。以其兄之子妻之。

子谓子贱⑥：『君子哉若人！鲁无君子者，斯焉取斯⑦？』

子贡问曰：『赐也何如？』子曰：『女，器也。』曰：『何器也？』曰：『瑚琏也⑧。』

或曰：『雍⑨也仁而不佞⑩。』子曰：『焉用佞？御⑪人以口给⑫，屡憎于人。不知其仁，焉用佞？』

子使漆雕开⑬仕⑭。对曰：『吾斯⑮之未能信。』子说⑯。

子曰：『道不行，乘桴⑰浮于海。从⑱我者，其⑲由⑳与？』子路闻之喜。子曰：『由也好勇过我，无所取材㉑。』

【注释】

①公冶长：齐人，姓公冶，名长。孔子学生。

②妻：这里作动词用，『嫁』的意思。

③缧绁：捆绑罪犯的绳子，这里指监狱。

④子：儿女，这里指女儿。

⑤南容：姓南宫，名适，字子容。孟僖子之子，孟懿子之兄。孔子学生。

⑥子贱：姓宓，名不齐，字子贱。孔子学生。

⑦斯焉取斯：第一个『斯』，指这个人。第二个『斯』，指这种品德。

⑧瑚琏：古代宗庙祭祀时盛黍稷的器皿，上面装饰有玉，十分贵重华美。

⑨雍：姓冉，名雍，字仲弓。

⑩佞：能言善道，有口才，有才智。

⑪御：这里指争辩、顶嘴。

⑫口给：指言辞敏捷，快嘴利舌。

⑬漆雕开：复姓漆雕，字子开，蔡国人。

⑭仕：做官。

⑮斯：这，指出仕。

⑯说：同“悦”。

⑰桴：即木排。大的叫筏，小的叫桴。

⑱从：跟随。

⑲其：大概。

⑳由：即子路。

㉑无所取材：没有什么可取的。材，同“哉”。

【译文】

孔子说公冶长这个人，“可以把女儿嫁给他。虽然他曾坐过监狱，但那不是他的罪过。”于是就把自己的女儿嫁给了他。

孔子说南容这个人，“国家太平时，他不会被废弃不用；国家无道混乱时，他也不致受刑罚。”于是就把自己的侄女嫁给他做妻子。

孔子评论子贱说，“他真是个君子呀！如果鲁国没有君子，这个人从哪里取得这种好品德呢？”

子贡问孔子说：『我这个人是个怎样的人？』孔子说：『你呀，好比一个器具。』子贡说：『是个什么器具呢？』孔子说：『是个瑚琏。』

有人说：『冉雍这个人有仁德，但却没有口才，不善于谈吐。』孔子说：『何必要有口才呢？伶牙利齿地和别人争辩，常常会使人讨厌。我不知道他可称得上仁，但他为什么要有口才呢？』

孔子叫漆雕开去做官。他回答道：『我对出仕这件事还没有信心。』孔子听了很高兴。

孔子说：『政治主张行不通了，我就乘着木排漂洋过海到海外去，跟随我的大概只有仲由吧！』子路听到这话，非常高兴。孔子说：『仲由这人太好勇力了，好勇的精神超过了我，这就没什么可取的了。』

【品读】

漆雕开说他对做官还没有信心，孔子听了非常高兴。漆雕开能够自我认识，认为自己对于做官还不太有把握，于是便实事求是地说了出来，而不是一听老师说让自己去做官，便不管三七二十一，一口答应下来，这说明他很有自知之明。

自知之明就是能发现自己的优点与缺点，认识自我的优势和劣势，从而以自己的条件决定去干什么，不去干什么，用理智的方略选择目的或理想，其成功的概率就高得多了。

人贵有自知之明，就是指要看清自我，摆正位置，不要做那些所谓『心比天高，命比纸薄』的事。即便是在物欲横流、人心叵测的环境中，也要保持平和的心态、乐观的精神。

【故事】

汉高祖刘邦，开创一代伟业，打下汉家四百年江山。他曾说过：论筹集粮草，安抚百姓，他不如萧何；运筹帷幄，决胜千里，他不如张良；指挥千军万马，克敌制胜，他不如韩信。然而他的长处在于使人才各尽其能，不愧为一位智者。刘邦不因自己才能不济而嫉贤妒能，而是正确认识到自己的长处在于招揽人心，知人善任，终使汉家人才济济，一统中国。

宋朝词人柳永，早年热心仕途，然而连遭打击，他终于认识到自己的天地不在庙堂，而在民间；自己的最佳身份不是封侯拜相，而是文人。于是他豁然开朗，自称『奉旨填词柳三变』，潜心研究制词、音律，吟风弄月，流连于舞榭歌台，将宋词的温柔旖旎推向极致，成为人们所喜爱的词人。

【原文】

孟武伯[①]问子路仁乎？子曰：『不知也。』又问。子曰：『由也，千乘之国，可使治[②]其赋[③]也，不知其仁也。」

「求也何如？」子曰：「求④也，千室之邑⑤，百乘之家⑥，可使为之⑦宰⑧也，不知其仁也。」

「赤⑨也何如？」子曰：「赤也，束带⑩立于朝，可使与宾客⑪言也，不知其仁也。」

子谓子贡曰：「女与回⑫也孰愈？」对曰：「赐也何敢望⑬回？回也闻一以知十，赐也闻一以知二。」

子曰：「弗如也；吾与⑭女弗如也。」

宰予⑮昼寝⑯。子曰：「朽⑰木不可雕也，粪土之墙不可杇⑱也。于予与⑲何诛⑳？」子曰：「始吾于人也，听其言而信其行；今吾于人也，听其言而观其行。于予与改是㉑。」

子曰：「吾未见刚者。」或对曰：「申枨㉒。」子曰：「枨也欲，焉得刚㉓？」

子贡曰：「我不欲人之加诸㉔我也，吾亦欲无加诸人。」子曰：「赐也，非尔㉕所及也。」

【注释】

①孟武伯：鲁国大夫。

②治：管理。

③赋：兵赋，交纳的兵甲车马等。

④求：冉求。

⑤千室之邑：指公邑，即有一千户人家的大邑。

⑥百乘之家：指有百辆兵车的大夫的采邑。

⑦之：同『其』。

⑧宰：为卿大夫办事的总管，或采邑、公邑的地方主管。

⑨赤：即公西赤。复姓公西，名赤，字子华，又称公西华。

⑩束带：束紧衣带，指整理礼服。

⑪宾客：贵客为宾，一般来访者为客。这里指外宾，他国派来的使者。

⑫回：指颜回。

⑬望：通『方』，相比。

⑭与：动词，同意，赞同。

⑮宰予：即孔子的学生宰我。

⑯昼寝：白天睡觉。

⑰朽：腐烂。

⑱杇：把墙壁抹平叫杇。泥工抹墙的工具也叫杇。这里指粉刷墙壁。

⑲与：语气助词，相当于『啊』。

⑳诛：指责，责备。

㉑是：代词，指代由『信』到『观』改变的态度。

㉒申枨：姓申，名枨，字周。孔子的学生。

㉓焉得刚：孔子认为一个人私欲太多就不得刚毅。

㉔诸：『之于』的合音。

㉕尔：你。

【译文】

孟武伯问孔子子路有没有仁德。孔子说：『不知道。』他又问，孔子说：『仲由啊，如果有一个拥有一千辆兵车的国家，那么可以叫他负责兵役和军政的工作。至于他是否有仁德，我不知道。』

孟武伯继续问：『冉求又怎么样呢？』孔子说：『冉求啊，拥有一千户人家的大邑，可以叫他做地方主管；有百辆兵车的大夫封地，可以让他当总管。至于他是否有仁德，我不知道。』

『那公西赤又怎么样呢？』孔子说：『赤啊，穿着礼服，站立在朝廷之中，可以让他接待外宾，处理外交的问题。至于他是否有仁德，我不知道。』

孔子对子贡说：『你和颜回，哪一个强一些？』子贡回答道：『我怎么敢和颜回相比呢？他啊，听到一件事就可以推理知道十件事；我呢，听到一件，就只能推知两件事。』孔子说：『赶不上他啊。我赞同你的话，你是赶不上他的。』

宰予在白天睡觉。孔子说：『腐烂的木头是不能雕刻的，粪土似的烂墙也不能粉刷。对于宰予啊，不值得我去责备他了。』又说：『最初，我对于他人，听到别人的话，就相信他的行为；现在，我对他人，听到别人的话，却还要考察他的行为了。从宰予这件事以后，我改变了这态度。』

孔子说：『我没有看见过刚毅的人。』有人回答说：『申枨是这种人。』孔子说：『申枨欲望太多，怎么能够刚毅？』

子贡说：『我不愿别人欺侮我，我也不愿欺侮别人。』孔子说：『赐呀，你还不能做到这个地步呀！』

【品读】

生命短暂，岁月易逝，我们没有时间用来浪费。所谓『一寸光阴一寸金』，我们要养成珍惜时间的好习惯。多读书，读好书，为将来走上社会打下良好的基础。

宰予是孔子门生中擅长语言辞令的学生，话说得娓娓动听、头头是道。但宰予志大才疏，经常说大话，而不能践行，故孔子以严词诫之。孔子从与宰予的交往实践中悟到观察人的最有效的方法，即『听其言而观其行』。这也是人际交往行为的著名准则。

人要到无欲之境才能刚强。但人生在世，要没有欲望是很难的，关键是把握好一个度。所谓『傲不可长，欲不可纵，志不可满，乐不可极』，就是这个意思。孟子曰：『富贵不能淫，贫穷不能移，威武不能屈。』就是说一个人不汲汲于富贵，不戚戚于贫穷，方可刚毅不屈，担当天下大事。

恃才傲物者通常表现为妄自尊大、自命不凡、肆无忌惮、目中无人，只要有机会标榜自己，就会抓住不放地自吹自擂、口出狂言，常给人一种趾高气昂、傲慢无礼的感觉，仿佛周围的人都是一些鼠目寸光、酒囊饭袋之辈，这也是人们常说的『狂妄』。

这种性格是有百害而无一利的。一个人狂妄与否，完全可以通过他的言行看出来。

【故事】

东汉时的祢衡年少才高，目空一切。有一天，曹操大宴宾客，命祢衡穿戴鼓吏衣帽当众击鼓为乐，而祢衡竟然在大庭广众之下脱光衣服，赤身露体，使宾主讨了个没趣。曹操再三容忍，始终没有发作。

为了让祢衡的才华能为自己所用，曹操备下盛宴，要召见祢衡，并准备好好款待他。可狂傲的祢衡并不领情，还手执木杖，站在营门外大骂。看到这样的情况，曹操的从官都要求曹操杀了他，但是曹操却仍旧没有杀他。此时，曹操已恨祢衡入骨，但又不想因为杀了他而坏了自己的名声，他认为，像祢衡这样的狂妄之人，惹来杀身之祸不过是迟早之事，于是，他把祢衡推荐给了荆州牧刘表。

祢衡替刘表掌管文书，起初颇为卖力，但不久便因倨傲无礼而得罪众人。刘表也非常气愤，但是他也明白曹操将此人推荐给自己的用意，不愿落得个杀才的名声，于是又把祢衡推荐给了江夏太守黄祖。

祢衡去为黄祖掌书记，起初干得也是不错，但是狂妄的他却仍旧不懂得收敛。一次黄祖在战船上宴请宾客，祢衡出言不逊，黄祖呵斥了他，祢衡竟然顶嘴说：『你整天绷着一张老脸，就像一具行尸走肉，你为什么不让我说话呢？你这个死老头，少啰唆！』

黄祖可不像曹操和刘表那样有心计，也不图爱才的虚名，让祢衡这样抢白一番，不由得怒火中烧，一气之下，将他斩了。可怜才华横溢的祢衡，便这样因狂妄而惨遭横祸，死时年仅二十六岁。

【原文】

子贡曰：『夫子之文章①，可得而闻也；夫子之言性与天道②，不可得而闻也。』

子路有闻，未之能行，唯恐有③闻。

子贡问曰：『孔文子④何以谓之「文」也？』子曰：『敏而好学，不耻下问，是以谓之「文」也。』

【注释】

①文章：指孔子传授的诗、书、礼、乐等文化知识。

②性：人的本性。天道：天命，主宰人类命运的上天的意志。

③有：同『又』。子路好勇，听到道理就要实行，如果前面听到的道理还没有实行，后面又听到新的道理，便唯恐不能同时实行。

④孔文子：孔圉，卫国的大夫。『子』是尊称，『文』是谥号。

【译文】

子贡说：『老师讲授的文化知识，我们能够听到；老师关于人性和天命的言论，我们听不到。』

子路听到了道理，如果还没有实行，便唯恐又听到新的道理。

子贡问道：『孔文子凭什么谥他为「文」呢？』孔子说：『他思维敏捷而且爱好学习，不认为向地位卑下的人请教是一种耻辱，所以给他一个「文」的谥号。』

【品读】

据《左传》记载，孔圉在道德上有瑕疵，所以子贡有疑问。所谓『尺有所短，寸有所长』，孔子评价人，很善于抓住特点作简要明了的勾勒。而『不耻下问』正是孔文子最突出的特点，这一点对当今的人们仍有指导意义。只有保持一颗谦恭的心，勤学好问，才能日有长进。如果骄傲自满，自以为是，刚愎自用，只能孤陋寡闻了。

用知识来充实自己不是一朝一夕就能学有所成的。平时不抓紧时间学习知识，不注意时刻为自己充电，指望临时受用是不可能有长久效果的。这就说明『闲中不放过，忙处有受用；静中不落空，动处有受用』的功用，『临阵磨枪』『临渴掘井』是不能从容应付的。所以一个有作为的人应当养成好学的习惯。知识丰富了，工作才能有一定之规，做事才能有一定见识。

【故事】

康熙（1654—1722年）是一个十分好学的皇帝，他的御书房里摆满了各种书籍，其中有不少还是他亲自主持编纂的，如《数理精蕴》《康熙字典》《律旨正义》等。正如他在《庭训格言》中所言：『朕自幼好看书，今虽年高，犹手不释卷。诚天下事繁，日有万机，为君一身处九重之内，所知岂能尽乎！时常看书，知古人事，靡可以寡过。』他读书的目的不是为了附庸风雅，炫耀知识，而是『于典谟训诰之中，体会古帝王孜孜求治之意，即欲使古昔治化，实现于今』。他身为一国之君，为求治国之道，使自己少犯过错，常以古今义理自悦，数十年如一日，不知疲倦。

康熙二十三年（1684年）他到南方巡视。一日船泊南京燕子矶，已是夜深人静，万籁俱寂。三更过后，康熙坐的船上依然灯火通明，他此时还在与高士奇兴致勃勃地谈经论文呢！高士奇怕皇上劳累过度，要起身告辞，康熙却笑了笑说：『这个问题今天不弄明白，我也睡不着呀。我从五岁开始读书，每天睡晚一点已成习惯。读书可以陶冶人的性情，增长知识，其乐无穷，就是稍有倦意，也被赶跑了。』巡视期间，不论是官员还是老百姓，只要有学问，康熙都愿意与他们一起研讨，并因此发现了不少人才。

康熙的读书兴趣非常广泛，除经、史、子、集外，天文、地理、历法、数学、军事、美术无不涉及。如他主持编纂的《数理精蕴》，就是在天文和数学方面，保持我国传统成果、吸收西洋精华的一本高水平学术著作。

康熙是我国历史上一位功业卓著的政治家。他文韬武略，运筹帷幄，在统一祖国、发展生产、加强民族团结和抗击沙俄侵略中做出过重大贡献。他开创了中国历史上又一个昌盛的时代——『康熙之治』。他的勤奋好学，持之以恒，不仅陶冶了其情操，而且给了他文治武功的能力。

【原文】

子谓子产①，『有君子之道四焉：其行己也恭，其事上也敬，其养民也惠，其使民也义。』

子曰：『晏平仲②善与人交，久而敬之。』

子曰：『臧文仲居蔡③，山节藻棁④，何如其知也？』

子张问曰：『令尹子文⑤三仕为令尹，无喜色；三已之⑥，无愠⑦色。旧令尹之政，必以告新令尹。何如？』子曰：『忠矣。』曰：『仁矣乎？』曰：『未知；——焉得仁？』

『崔子弑齐君[⑧]，陈文子[⑨]有马十乘，弃而违[⑩]之。至于他邦，则曰：「犹吾大夫崔子也。」违之。之一邦，则又曰：「犹吾大夫崔子也。」违之，何如？』子曰：『清矣。』曰：『仁矣乎？』曰：『未知；——焉得仁？』

【注释】

①子产：姓公孙，名侨，字子产。郑国的贤相，是一位杰出的政治家。

②晏平仲：姓晏，名婴，字仲，『平』是谥号。春秋时齐国大夫。

③臧文仲：姓臧孙，名辰，『文』是谥号，鲁国大夫。蔡：大乌龟，因蔡国产大乌龟而特指，这里指大乌龟壳。臧文仲收藏大乌龟壳是为占卜之用。

④节：柱子上的斗拱。山节：形状像山的斗拱。藻：水草名。棁：大梁上的短柱。

⑤令尹子文：令尹，官名。为楚国的最高官职，掌军政大权。子文，姓斗，名榖于菟，字子文。

⑥三：泛指多次。已：免职。

⑦愠：怒，怨恨。

⑧崔子：齐国大夫崔杼。齐君：齐庄公，姓姜，名光。弑：古代地位在下的杀掉地位在上的。

⑨陈文子：名须无，齐国的大夫。

⑩违：离开。

【译文】

孔子评论子产，『他具有君子的四种道德：自己的行为庄重，侍奉君主恭敬，抚育人民有恩惠，役使人民合乎道理。』

孔子说：『晏平仲善于和别人交朋友，相识越久，友谊越深，别人越尊敬他。』

孔子说：『臧文仲私自把大乌龟壳藏在一个屋子里，这间屋子雕刻着像山一样的斗拱和绘有花草图画的梁上短柱（和天子藏大乌龟的豪华庙堂一样，想占卜时求福）。这怎么能说他是一位聪明的人呢？』

子张问道：『楚国的令尹子文几次担任令尹这一职务，没有喜悦的表情；几次被免职，也没有怨怒的表情。每次免职的时候，都把自己做令尹时所制订的政策法令，全部告诉新接任的令尹。这样的人怎么样呢？』孔子回答说：『是忠诚的人啊！』子张说：『可以称得上是「仁人」吗？』孔子说：『不了解他的内心世界，何谈是否是仁人呢？』

子张又问：『齐国的大夫崔杼杀死了齐庄公，陈文子有马四十匹丢掉不要而离开了齐国。到了另一个国家，就说：「这里的执政者同我们齐国的大夫崔杼是一样的。」于是就离开了。又到另一个国家，又说：「这里的执政者与我们齐国的大夫崔杼是一样的。」又离开了。陈文子这个人怎么样呢？』孔子说：『是个很清白的人啊！』子张说：『他可以算得上「仁人」吗？』孔子说：『不了解他的内心世界，怎么能够说是「仁人」呢？』

【品读】

老子曾经说过：『良贾深藏若虚，君子盛德，容貌若愚。』即善于做生意的人，总是隐藏其宝货，不叫人轻易看见；君子之人，品德高尚，容貌却显得愚笨拙劣。因此告诫世人，做人不可锋芒毕露。

当然，在封建制度下，『君为臣纲』，臣子要唯君主之命是从，否则龙颜大怒，是要掉脑袋的。现代社会已摒弃了陈旧不合理的伦理规范，代之以相互尊重的管理理念。在这一前提下，作为员工，自然要以恭敬的态度对待同事，建立一种和谐的工作氛围。

【故事】

乾隆年间，纪晓岚以过人的才智名扬全国，深得皇上赏识。有一天，乾隆宴请大臣，大臣们吃得很开心，饮得也很畅快。乾隆又诗兴大发了，他出了上联：『玉帝行兵，风刀雨箭云旗雷鼓天为阵。』

乾隆皇帝要求百官对下联，竟然没人能对得上。乾隆皇帝这下更来兴致了，他想显示自己的才华，便点名要纪晓岚答对，想出一下这位大才子的丑。不料，纪晓岚却把下联对上来了：『龙王设宴，日灯月烛山肴海酒地当盘。』话音刚落，群臣赞叹。

乾隆皇帝听后，却不高兴了。他面有怒色，沉吟不语，大家颇为纳闷。纪晓岚当然明白是自己得罪了皇上，便接着说：『圣上为天子，所以风、雨、云、雷都归您调遣，威震天下；小臣酒囊饭袋，所以希望连日、月、山、海都能在酒席之中。可见，圣上是好大神威，而小臣我只不过是好大肚皮而已。』乾隆一听，立即笑逐颜开，连忙表扬纪晓岚说：『饭量虽好，但若无胸藏万卷之书，又哪有这么大的肚皮呢！』

乾隆出的上联显示了一代帝王的豪迈气概，不料纪晓岚下联一出，十分工整，显不出乾隆上联的才气，有不恭之嫌。乾隆一听，自然不快。幸好，纪晓岚及时发现并为自己开脱，有意抬高乾隆，贬低自己，又使乾隆感受到自己对他的尊敬。自然，君臣一唱一和，大家都高兴。

【原文】

季文子[1]三思而后行。子闻之，曰：『再，斯可矣。』

子曰：『宁武子[2]，邦有道，则知；邦无道，则愚。其知可及也，其愚不可及也。』

子在陈[3]，曰：『归与！归与！吾党[4]之小子狂简，斐然成章[5]，不知所以裁之。』

【注释】

①季文子：姓季孙，字行父，『文』是谥号。

②宁武子：名俞，卫国大夫，『武』是他的谥号。

③陈：周初为舜的后裔所封的诸侯国。

④党：乡里。古时称乡里为乡党。

⑤成章：成就可观。

【译文】

季文子办事情都是考虑了多次才实行。孔子听到这件事，就说：『考虑两次就可以了吧！』

孔子说：『宁武子这个人，国家清平就显露才智，国家无道就装痴呆。他的才智别人赶得上的，装痴呆别人是及不上的。』

孔子在陈国，说：『回去吧！回去吧！我乡里的后生们志向高大，成绩相当可观，但不知道用什么东西来指导。』

【品读】

曾听过一句发人深省的格言：『事临头，三思为妙，一忍最高。』当然，我们所欣赏的并不是『一忍最高』中的『忍』，而是『事临头』之后的『三思』。

做事应多加考虑，才能顺应形势，以变应变，不可固执单纯。看不到事业的艰巨性，就会急躁冒进，碰得头破血流。在复杂的环境下，看清问题的症结是很重要的。因此，凡事多想一想，行动前考虑得周全一些，失败的可能性就会降低很多。事情是复杂的，对手也未必是简单人物，把各种情况都估计到了，才不会有意外发生。

【故事】

古往今来的大人物，都不是冒失鬼，他们即使绝顶聪明，做事也是谨慎周到的，不敢稍有大意。

明嘉靖年间，奸臣严嵩当道，对违逆他的大臣横加迫害。徐阶在朝中很有名望，严嵩就多次设计陷害他。徐阶装聋作哑，从不与严嵩发生争执。

严嵩为了整治徐阶，曾指使儿子严世蕃对徐阶无礼。一次，严世蕃当着文武百官的面羞辱徐阶，徐阶竟是没有一点怒色，还不断给严世蕃赔礼道歉。

有人为徐阶打抱不平，要弹劾严嵩，徐阶连忙阻止，他说：『都是我的错，我自愧还来不及呢，与他人何干呢？严世蕃能指出我的过失，这是为我好，你是误会他了。』徐阶忍气吞声，就是为了将来能一举除掉严嵩。他认为现在时机不到，所以才这样小心翼翼。

徐阶在表面上对严嵩十分恭顺，他甚至把自己的孙女嫁给严嵩的孙子。后来，严嵩被嘉靖皇帝勒令退休，严世蕃被逮捕，徐阶还亲自到严嵩家安慰。

徐阶的儿子徐潘不理解父亲的行为，对徐阶说：『严嵩父子已经获罪下台，父亲应该站出来指证他们了。父亲受了这么多年委屈，难道都忘了吗？』

徐阶说：『严嵩受宠多年，皇上做事又喜好反复，万一事情有变，我这样做也能有个退路。我不敢疏忽大意，因为此事关系着许多人的生死，还是看看情况再定夺的好。』

等到严世蕃谋反的事成为铁案，徐阶这才解除顾虑，上书告发严嵩父子想当皇帝的事实。嘉靖皇帝下了决心，严嵩父子终于被铲除了。

【原文】

子曰：“伯夷、叔齐①不念旧恶，怨是用希。”

子曰：“孰谓微生高②直？或乞醯③焉，乞诸其邻而与之。”

子曰：“巧言、令色、足恭④，左丘明⑤耻之，丘亦耻之。匿怨而友其人，左丘明耻之，丘亦耻之。”

颜渊季路侍。子曰：“盍⑥各言尔志？”

子路曰：“愿车马衣裘⑦与朋友共敝之而无憾。”

颜渊曰：“愿无伐善、无施劳⑧。”

子路曰：“愿闻子之志。”子曰：“老者安之，朋友信之，少者怀之。”

子曰：“已矣乎⑨，吾未见能见其过而内自讼⑩者也。”

子曰：“十室之邑⑪，必有忠信如丘者焉，不如丘之好学也。”

【注释】

①伯夷、叔齐：相传是商末孤竹国君的儿子，因相互谦让君位而逃奔周国。

②微生高：鲁国人，名高。

③醯：醋。

④足：朱熹《集注》云：『足，过也。』一说，这里的『足』是满足的意思，『足恭』指以谦恭来取悦他人。

⑤左丘明：这个左丘明是鲁国的太史，他与撰写《左传》的『左氏』是否是同一个人，学者还没有一致的意见。

⑥盍：何不。

⑦衣裘：原作『衣轻裘』，据刘宝楠《论语正义》，『轻』字是衍文，故删除。

⑧伐：夸耀。施：表白。《淮南子·诠言训》：『功盖天下，不施其美。』

⑨已矣乎：表示感叹，好比说『罢了』。

⑩自讼：自我责备。

⑪十室之邑：只有十户人家的村落，比喻人少。

【译文】

孔子说：『伯夷、叔齐不念旧恶，怨恨因此就少了。』

孔子说：『谁说微生高正直？有人来要点儿醋，他从邻居那儿要来给人家。』

孔子说：『花言巧语、仪容伪善、过于谦恭，左丘明觉得可耻，我也觉得可耻。隐匿怨恨而邀结其人，左丘明觉得可耻，我也觉得可耻。』

颜回、子路侍从，孔子说：『何不各自谈谈自己的志向？』

子路说：『我愿把车马、衣裘与朋友共享，用坏了也不遗憾。』

颜回说：『我希望不夸耀长处、不表白功绩。』

子路说：『愿听到老师的志向。』孔子说：『老者给予他们安抚，朋友给予他们信任，晚辈给予他们关怀。』

孔子说：『罢了！我未曾见到能发现自己的过失而内心自责的人。』

孔子说：『十户人家的村落，必定有像我一样的忠实守信之人，但不如我那样好学。』

【品读】

此处批判了表里不一的行为。孔子尖锐地指出了两种情况：一种是过分恭顺，奴颜婢膝；另一种是内心怨恨，表面友善。这两种行径均是为人所不齿的。谦虚和虚伪不是一回事。谦虚是美德，而虚伪却包藏祸心。在社会生活中要善于辨别二者。

孔子在这里提到伯夷、叔齐有不念旧恶的美德，过去有人对不起他们的，过去了就算了，不怀恨在心。这有什么好处呢？有！『怨是用希』，能够不怀恨别人，宽恕了别人，所以和别人之间的仇怨就没有了。

另外，使『老者安』『朋友信』『少者怀』，是孔子的理想社会蓝图，是孔子的追求，也是儒家的最高追求。

【故事】

在中国历史上，不念旧恶的人很多，齐桓公就是其中的一个。

齐桓公原来是齐国的公子，公子纠是他的哥哥。齐桓公的父亲驾崩后，各公子就互相争夺权位，到最后，只剩下了齐桓公和公子纠。

公子纠的老师管仲在两位公子的争权之中，为了保护自己的主人，曾经用箭射伤了齐桓公。但是后来，公子纠还是败了，齐桓公回到齐国继承了王位。

在这场争夺战中，鲁国作为公子纠的支持者战败，为了不致灭亡，只好向齐桓公求和。齐桓公说，求和可以，但是鲁国必须处死公子纠，并交出管仲。

当大家得知这个消息的时候，都很为管仲担心，因为他们知道管仲对于齐桓公还有一箭之仇，如果被遣送过去，只能是死路一条。于是就有人对管仲说：『管仲啊，与其被送到敌方去受辱，还不如自杀的好。左右都是死，不能死得太耻辱了。』但是管仲却说：『如果齐桓公想要杀我，就会把我和主君一起杀了。现在他要我去齐国，一定不会杀我，肯定会用其他的方法对付我的。』

就这样，管仲被鲁国交与了齐桓公。令所有的人包括管仲自己在内都万万没有想到的是，齐桓公不但没有杀管仲，反而立即拜他为相，要管仲辅佐自己治理国家。

正因为齐桓公摒弃了个人的恩怨，不计旧恶，不拘小节，大胆地启用了一个与自己有仇，但却能辅佐自己的良才——管仲，才使得齐国迅速地强大起来。最终齐桓公率先成就了他的霸业，成为春秋五霸之一。这正是齐桓公不念旧恶的所得啊！

雍也第六

【原文】

子曰："雍也可使南面[①]。"

仲弓问子桑伯子[②]。子曰："可也简。"仲弓曰："居敬而行简，以临其民，不亦可乎？居简而行简，无乃大简乎？"子曰："雍之言然。"

哀公问："弟子孰为好学？"孔子对曰："有颜回者好学，不迁怒，不贰过[③]。不幸短命死矣，今也则亡[④]，未闻好学者也。"

【注释】

①雍：姓冉，字仲弓。孔子的学生。南面：南面而坐的意思。古时以坐北朝南的方向最为高贵。使南面，这里指可以做大官。

②子桑伯子：鲁国人。

③迁：转移。贰：重复。

④亡：通“无”，没有。

【译文】

孔子说：“雍这个人可以让他去治理国家。”

仲弓问子桑伯子这个人怎么样。孔子说：“可以吧，做事也还简约。”仲弓说：“做事严肃认真而行为简约，这样来治理民众，不也是可以的吗？如果只图简单而行事又粗疏，那不就太简单了吗？”孔子说：“你说的话是对的。”

哀公问孔子：“您的学生中谁算是最好学的呢？”孔子回答：“有个叫颜回的学生最好学，他不把怒气发泄到别人身上，犯过的错误不会重复再犯。只是他不幸短命死了。现在没有这样的人了，没有听说有好学的人了。”

【品读】

颜回是孔子的得意门生，他的好学曾得到孔子的多次赞扬。表面看“不迁怒”“不贰过”似乎与“好学”不相干，其实，这个优点的养成，是与勤奋好学分不开的。学习能够知礼明事，陶冶情操，提高涵养，与人为善，善于内省，改过自新，正是平时好好学习的积累。

人皆有七情六欲，遇到外界的不良刺激时，难免情绪激动、愤怒，这是人的一种自我保护的本能。但这种激动的情绪不可放纵，因为它可能使我们丧失理智，使我们不计后果地行事。因此，我们在遇到事情时，在面对人际矛盾时，要学会克制，学会忍耐，而不要像炮捻子一样，一点就着。

从孔子赞许颜回的态度上，我们可以看出，心态平和不迁怒于别人，同时也在一定程度上保证自己不重复犯错。这就是说，良好的心态能够增强人们的学习能力和工作效率。倘若一个人能够克制愤怒，即不对别人和自己发脾气，那么，他必然能够不惹祸端、不受干扰地在人生路上前行。

【故事】

西汉名臣张良年轻时曾遇到一件事。一天，他到下邳桥散步，有个老人穿着粗布衣服，走到张良跟前，故意将鞋子掉到桥下，冲着张良说：『小子，下去给我把鞋捡上来！』张良听了一愣，真想揍他一顿，因为看他是个老年人，就强忍着怒意到桥下把鞋子捡了上来。老人说：『给我把鞋穿上。』张良想，既然已经捡了鞋，好事就做到底吧，于是跪下来给老人穿鞋。老人穿上后笑着离去了，一会儿又返回来，对张良说：『你这个小伙子可以教导。』于是约张良再见面。这个老人后来向张良传授了《太公兵法》，使张良最终成为一代名臣。

老人考察张良，就是看他有没有遇辱能忍、不迁怒于人的自我克制的修养。有了这种修养，今后才能担当大任，处理各种复杂的人际关系和艰巨的事情；才能遇事冷静，知道祸福所在，不意气用事。我们在平时要注意培养这种修养，处理好所遇到的人和事。

【原文】

子华[①]使于齐，冉子为其母请粟。子曰："与之釜[②]。"请益。曰："与之庾[③]。"冉子与之粟五秉[④]。子曰："赤之适齐也，乘肥马，衣轻裘。吾闻之也：君子周急不继富[⑤]。"

原思[⑥]为之宰，与之粟九百，辞。子曰："毋！以与尔邻里乡党乎！"

子谓仲弓，曰："犁牛[⑦]之子骍且角，虽欲勿用，山川其舍诸[⑧]？"

子曰："回也，其心三月[⑨]不违仁，其余则日月[⑩]至焉而已矣。"

【注释】

①子华：姓公西，名赤。孔子的学生。

②釜：古量器名。当时一釜是六斗四升。

③庾：古量器名。当时一庾是二斗四升。

④秉：古量器名。当时一秉是十六斛壶，一斛是十斗。

⑤周：救济。继：接济。

⑥原思：姓原，名宪，孔子的学生。当时在孔子家当总管。

⑦犁牛：耕牛，此喻仲弓的父亲。

⑧山川：指山川之神。其：表反问语气，难道。舍：舍弃。

⑨三月：指时间长。

⑩日月：指时间短。

【译文】

子华出使到齐国，冉有为他的母亲要些小米。孔子说：『给她六斗四升。』冉有请求再增加些。孔子说：『再给她二斗四升。』冉有却给了他八百斗米。孔子说：『公西赤到齐国去，乘坐的是肥马驾的车，穿的是轻软的皮袍。我听说过：君子只接济贫穷的人不接济富有的人。』

原思给孔子做管家，孔子给他酬金小米九百，原思推辞不要。孔子说：『不要推辞，拿一些去给你的乡亲们吧！』

孔子讲到仲弓时，说：『一头耕牛的小牛犊长着红色的毛皮，两只角端正饱满，人们虽不想用它祭祀，难道山川之神会舍弃它吗？』

孔子说：『颜回呀，他的思想长时间不离开仁德，其他的弟子只是在短时间想到仁罢了。』

【品读】

俗话说：天有不测风云，人有旦夕祸福。人生在世免不了会遇到这样那样的困难，需要他人相助以克服困难。但这种助人为乐的举动在对象、时机及具体内容上也很有讲究。孔子在这里告诉他的学生，也是告诉世人一个原则：在济人利物时，应该务实而不应追求虚名，否则，就会有损于自己的道德修养。

怎样才能做到『周急不继富』呢？区分对象、选准时机、形式恰当等，都是十分重要的。在接济对象上，通过花费千金来巴结权贵和纳容贤士，比不上倾尽自己仅有的半瓢粮食去接济那些饥饿者；通过构建豪华的房舍来招待宾客，又哪能比得上用茅草来覆盖那些破漏的茅屋，以庇护天下家世寒微的读书士子呢？在时机选择上，坚持『雪中送炭』，少搞『锦上添花』，因为『渴时一滴如甘露，醉后添杯不如无』！

【故事】

庄周是我国古代著名的哲学家，据说一次因生活贫困去向监河侯借粮。监河侯很吝啬，但又要做面子，便对庄周说：『现在不行，得过些时候收了租，可以多借些给你。』庄周对监河侯的虚情假意很不满意，就用一则寓言故事来讽刺他。

庄子说：『我昨天来你这儿的时候，半路上听见有谁喊我的声音。我仔细一看，发现干涸的车辙中有一条小鱼。我问它：「小鱼呀，你要什么呀？」小鱼回答说：「我是东海中的一条小鱼，你能不能给我点儿水让我活下去？」我说：「可以，等我到南方去劝说吴国、越国的国君，让他们同意引西江不尽的水来接济你，好吗？」小鱼十分气愤地说：「我离开了常住的东海，没有着落，如今只要得到少量的水便可活下去。照你这样说，还不如早点到卖干鱼的市场上去找我算了。」』

庄周所讲的，便是后来流传千年的『涸辙之鲋』的寓言故事。寓言不仅辛辣地讽刺了监河侯的吝啬和虚情假意，而且同样说明了一个深刻的道理：接济要看准时机，即济人要济急。

【原文】

季康子问：『仲由可使从政也与？』子曰：『由也果，于从政乎何有[①]？』曰：『赐也可使从政也与？』曰：『赐也达[②]，于从政乎何有？』曰：『求也可使从政也与？』曰：『求也艺[③]，于从政乎何有？』

季氏使闵子骞为费宰[④]。闵子骞曰：『善为我辞焉！如有复我[⑤]者，则吾必在汶上[⑥]矣。』

伯牛[⑦]有疾，子问之，自牖[⑧]执其手，曰：『亡[⑨]之，命矣夫！斯人也而有斯疾也！斯人也而有斯疾也！』

子曰：『贤哉，回也！一箪[⑩]食，一瓢饮，在陋巷，人不堪[⑪]其忧，回也不改其乐。贤哉，回也！』

冉求曰：『非不说[⑫]子之道，力不足也。』子曰：『力不足者，中道而废，今女画[⑬]。』

【注释】

①果：果断。何有：有什么困难。

②达：通事理。

③艺：多才多艺。

④闵子骞：人名，姓闵，名损，字子骞。孔子的学生。费：地名，季氏的家邑。

⑤复我：再来召我。

⑥汶：水名，即今山东的大汶河。汶上：指汶水的北面。暗指齐国。

⑦伯牛：人名，姓冉，名耕，字伯牛。孔子的学生，有德行。

⑧牖：窗户。

⑨亡：是丧的意思，指病人将死去。

⑩箪：古代盛饭的器皿，竹制，呈圆形。

⑪堪：忍受。

⑫说：同『悦』。

⑬女：同『汝』，你。画：划定一个界限，停止前进。

【译文】

季康子问孔子：『仲由这个人可以派他治理政事吗？』孔子说：『仲由办事果断，让他治理政事有什么困难呢？』

季康子又问：『子贡可以让他治理政事吗？』孔子说：『子贡这个人精通人情事理，让他治理政事有什么困难呢？』

季康子再问道：『子有这个人可以让他治理政事吗？』孔子说：『子有这个人多才多艺，让他治理政事有什么困难吗？』

季氏派人请闵子骞做他封邑费那个地方的总管。闵子骞对来人说：『好好代我婉言谢绝吧！如果再来召我去的话，那么我肯定已逃到汶水的北边了。』

伯牛有病，孔子去探视他，从窗口握住他的手，说：『失去你这个人，这是命啊！这样的人竟得了这样的病！这样的人竟得了这样的病！』

孔子说：『颜回，多么贤德呵！一竹筐饭，一瓢子水，住在狭小的巷子里，别人都不能忍受那种苦楚，颜回却不改变他的乐处。多么贤德啊，颜回！』

冉求说：『我不是不喜欢您的学说，是我能力不够。』孔子说：『能力不够的人，是走到中途走不动了才停止，现在你是先划定一个界限停止不前。』

【品读】

三千弟子中，孔子最喜欢的就是颜回，就在于颜回的『不改其乐』。『不改其乐』中包含了许多儒家思想的真谛：其一，快乐绝不以物质的富足为条件；其二，心不为外物所动。这样的快乐才是真正的快乐。颜回以自己的生命来实践了儒家的理想，因而孔子极其赞赏颜回的贤德。

人应当能够承受物质生活对自身产生的影响。现实中的『俗人』往往因穷困而潦倒，但聪明的智者，却能随遇而安或穷益志坚，不受任何影响地充分享受人生，并且能做出一番不平凡的事业来。

一个人的思想，一旦升华到追求崇高理想上去，就能够放宽心境，不为物累，心底无私、无欲，随时随地去享受人生，也就苦亦乐、穷亦乐、困亦乐、危亦乐了！这是没有亲身经历的人难以理解的。真正活得快乐的人，生活在一种不受物质左右的『知天』『乐天』的精神境界里。

【故事】

苏东坡对人生的旷达态度在历史上是出了名的。宋神宗熙宁七年（1074年）秋天，苏东坡由杭州通判调任密州知州。我国自古就有『上有天堂，下有苏杭』的说法，北宋时期，杭州早已是繁华富足、交通便利的好地方。密州属古鲁地，交通、环境都没法儿和杭州相比。

苏东坡刚到密州的时候，连年收成不好，到处都是盗贼，吃的东西十分欠缺，苏东坡及其家人还时常以枸杞、菊花等野菜作口粮。人们都认为苏东坡先生过得肯定不快活。

谁知苏东坡在这里过了一年后，长胖了，甚至过去的白头发有的也变黑了。这奥妙在哪里呢？苏东坡说：『我很喜欢这里淳朴的风俗，而这里的官员百姓也都乐于接受我的管理。于是我有闲情整理花园，清扫庭院，修整破漏的房屋。在我家园子的北面，有一个旧亭台，稍加修补后，我时常登高望远，放任自己的思绪，做无穷遐想。往南面眺望，是马耳山和常山，隐隐约约，若近若远，大概是有隐君子吧！向东看是卢山，这里是秦时的隐士卢敖得道成仙的地方；往西望是穆陵关，隐隐约约像城郭一样，师尚父、齐桓公这些古人好像都还存在；向北可俯瞰潍水河，想起淮阴侯韩信过去在这里的辉煌业绩，又想到他的悲惨命运，不免慨然叹息。这个亭台既高又安静，夏天凉爽，冬天暖和，一年四季，早早晚晚，我时常登临这个地方。自己摘园子里的蔬菜瓜果，捕池塘里的鱼儿，酿高粱酒，煮糙米饭吃，真是乐在其中。』

【原文】

子谓子夏曰：『女①为君子儒②！无为小人儒！』

子游为武城③宰。子曰：『女得人焉耳乎？』曰：『有澹台灭明④者，行不由径⑤，非公事，未尝至于偃⑥之室也。』

子曰：『孟之反⑦不伐，奔⑧而殿⑨，将入门，策⑩其马，曰：「非敢后也，马不进也。」』

子曰：『不有祝鮀⑪之佞，而⑫有宋朝⑬之美，难乎免于今之世矣。』

子曰：『谁能出不由户⑭？何莫⑮由斯道也？』

子曰：『质⑯胜文⑰则野⑱，文胜质则史⑲。文质彬彬⑳，然后君子。』

子曰：『人之生也直，罔㉑之生也幸而免。』

【注释】

①女：同『汝』，你。

②儒：儒生，学者。

③武城：鲁国的城邑，在今山东费县境内。

④澹台灭明：姓澹台，名灭明，字子羽。后来成为孔子的学生。

⑤径：小路。

⑥偃：子游姓言，名偃，这里自称其名。

⑦孟之反：姓孟，名侧，字子反，鲁国大夫。

⑧奔：逃亡。

⑨殿：行军的尾部。

⑩策：以鞭击马。

⑪祝鮀：卫国大夫，名鮀，字子鱼。祝，太祝，主管宗庙祭祀的官。

⑫而：这里是与的意思。

⑬宋朝：宋国的公子，名朝，貌美而性淫。

⑭户：门。

⑮何莫：为什么没有。

⑯质：质朴。

⑰文：彩色交错。引申为文雅。

⑱野：朴野，粗鲁。

⑲史：记载历史的书籍。引申为虚浮。

⑳彬彬：文质兼备的容仪。

㉑罔：无知。

【译文】

孔子对子夏说：『你要做一个有道德的君子之儒，不要做缺德的小人之儒。』

子游担任武城的长官，孔子说：『你在那儿发现人才了吗？』子游说：『有一个叫澹台灭明的人，走路从不插小道，若不是公事，从不到我屋里来。』

孔子说：『孟之反不夸耀自己。他（在军队溃败时）走在最后，掩护全军，将进城门，便鞭打着（所乘战车前的）马，说：「不是我敢走在最后，是我的马不快些跑。」』

孔子说：『如果没有祝鮀那样的口才，却有着宋朝那样的美貌，在今天的社会中，恐怕难以避免祸患了。』

孔子说：『谁能不通过房门就能从屋中出来呢？为什么不从人生正道上行走呢？』

孔子说：『质朴超过了文采，就显得粗鄙；文采超过了质朴，就显得虚浮。只有文采与质朴和谐地配合在一起，这才能成为君子。』

孔子说：『人能活着是由于正直，不正直的人活着，不过是侥幸地免于祸患罢了。』

【品读】

『文质彬彬』这个成语我们经常用，但什么是文、什么是质，却不是个容易弄明白的问题。大而言之，『质』是指人类朴素的本质，『文』则指文化的累积。那么，『质胜文则野』就是指人没有文化，就会很粗俗；『文胜质则史』就是指一个人过于讲究繁文缛节，就会失去朴素的本质，所以要『文质彬彬』才好。文化的发展要与人类的本质相适应、相协调。

就个人修养而言，『文质彬彬』要求既要有文化修养，又不要迷失了本性，两者互相辉映，相得益彰，只有这样，才能够称得上是真正的君子。

【故事】

诸葛亮，字孔明，是三国时期著名的政治家和军事家。他少年时代曾从学于水镜先生司马徽。

古时没有钟表，计时用日晷，遇到阴雨天没有太阳，时间就不好掌握了。为了计时，水镜先生训练公鸡按时鸣叫，办法就是定时喂食。每天只要公鸡一叫，司马先生就会中断正讲着的天文地理、兵书阵法，下课放学。为了学到更多的东西，诸葛亮想让先生把讲课的时间延长一些，于是他每次上学都在口袋里装上几把米，看到公鸡快叫唤的时候，就悄悄向窗外撒一把米，等公鸡快吃完的时候又撒把米。

这样过了几天，师娘因为饿着肚子等水镜先生吃饭，免不了要抱怨几句。水镜先生感到奇怪，经过观察，发现诸葛亮在鸡快叫时给鸡喂食。水镜先生非常生气，不准他再来上学。孔明一走，水镜先生就觉得这事处理欠妥。于是第二天下午，水镜先生拄着拐杖亲自来到卧龙岗，叫诸葛亮回去上学。

诸葛亮也虚心地向老师承认了错误。水镜先生看到小诸葛亮知错能改，心地纯正，又聪明过人，就把平生本事全部传授给他。后来，诸葛亮果然成了三国时期杰出的政治家和军事家。

【原文】

子曰：『知之者不如好之者，好之者不如乐之者。』

子曰：『中人以上，可以语上也；中人以下，不可以语上也。』

樊迟问知[①]，子曰：『务[②]民之义，敬鬼神而远之，可谓知矣。』问仁，曰：『仁者先难而后获，可谓仁矣。』

子曰：『知者乐[③]水，仁者乐山。知者动，仁者静。知者乐，仁者寿。』

【注释】

①知：同『智』。

②务：从事，致力。

③乐：喜欢。

【译文】

孔子说：『（对任何有益的东西）了解它的人比不上喜爱它的人，喜爱它的人比不上乐在其中的人。』

孔子说：『中等水平以上的人，可以告诉他高深的学问；中等水平以下的人，不可以告诉他高深的学问。』

樊迟问什么是聪明。孔子说：『尽心尽力使人民走上「义」的道路，严肃地对待鬼神，但并不依赖它，可以说是聪明了。』樊迟又问什么是仁德。孔子说：『有仁德的人凡事先付出劳苦，然后获得成功，这可以说是仁德了。』

孔子说：『智者喜欢水，仁者喜欢山。智者喜欢动，仁者喜欢静。智者快乐，仁者长寿。』

【品读】

兴趣和乐趣是成就学业和事业的基石。要我学，不如我要学；我要学，不如以学为乐。每个人如果能快乐地读书求学、为人处事，必能做得更好，从而获得更大的成功。

要做好一件事情，首先要有对此事的认知，否则就无从下手。但单纯的认识并不能激发人们的主动精神。因此，孔子提出应在『知』的基础上加入『好』，也就是充分调动自身的积极性。这样不仅完成的效果会大不一样，而且也可以在过程中有所收益。当然，这种收益不一定是物质利益，所以，孔子更进一步指出，做事的最高境界是把它本身当成一种乐趣。也就是说，在『乐』的这个境界里，任何有选择的活动都不是为了得到什么利益——这种活动就是人生命的一部分。

一个人之所以有时做不好事情，就是因为他还没有真正地成为『乐之者』。如果你真正地乐于做某件事，你就会做成你要做的事，事情本身也会成就你。只有真心喜欢一件事情，我们才会成功。

【故事】

司马光是北宋时期著名的政治家和史学家，他历经十九年编纂成的《资治通鉴》，上起战国，下至五代，共计二百九十四卷，是我国古代的历史名著。

司马光以学习为乐，为了鞭策自己抓紧时间读书，他给自己安排了一套特别的卧具：一张硬板床，一个圆木枕头。圆木枕头在木板床上容易滚动，读书困了，身子一动，枕头就滚开了，头磕在木板床上，人就醒了，可以马上起来继续读书学习。司马光给他这个圆木枕头起了个有趣的名字，叫『警枕』。

司马光废寝忘食地学习，到了十五岁的时候，已经博览群书，不但学识渊博，文章写得也很出色。这为他后来编纂历史巨著《资治通鉴》打下了良好的基础。

【原文】

子曰：『齐一变，至于鲁；鲁一变，至于道。』

子曰：『觚不觚①，觚哉？觚哉？』

宰我问曰：『仁者，虽告之曰：「井有仁②焉。」其从之也？』子曰：『何为其然也？君子可逝[3]也，不可陷也；可欺也，不可罔[4]也。』

子曰：『君子博学于文，约之以礼，亦可以弗畔[5]矣夫[6]！』

子见南子[7]，子路不说[8]。夫子矢[9]之曰：『予所否[10]者，天厌之！天厌之！』

子曰：『中庸[11]之为德也，其至矣乎！民鲜[12]久矣。』

子贡曰：『如有博施于民而能济众，何如？可谓仁乎？』子曰：『何事于仁！必也圣乎！尧舜[13]其犹病诸[14]！夫[15]仁者，己欲立而立人，己欲达而达人。能近取譬[16]，可谓仁之方也已。』

【注释】

①觚：古代盛酒的器皿，上圆下方，有四条棱角。后来改成圆筒形，没有棱角了。

②仁：仁人。

③逝：消逝。

④罔：同『网』。

⑤畔：同『叛』。

⑥夫：语气词，相当于『吧』。

⑦南子：卫灵公夫人，性情淫荡，名声不好。

⑧说：同悦。

⑨矢：誓。

⑩予所否：予，我。所，假若。否，恶；秽浊。

⑪中庸：不偏叫中，不变叫庸。儒家以中庸为最高的道德标准。

⑫鲜：少。

⑬尧舜：传说中古代的两个帝王。

⑭病诸：病，忧虑，为难。诸，之乎的合音。

⑮夫：句首发语词，无义。

⑯能近取譬：能就自身做比喻，即推己及人的意思。

【译文】

孔子说：『齐国（的政治、文化）一经变革，可以达到鲁国的状况；鲁国（的政治、文化）一经变革，可以合乎道的水平。』

孔子说：『觚不像觚，这是觚吗！这是觚吗！』

宰我问孔子说：『那有仁德的人，就是告诉他「井中有仁人在那儿」，他会不会跟着入井呢？』

孔子说：『为什么要这样做呢？君子可以让他离去，却不可以陷害他；可以欺瞒他，却不可以愚弄他。』

孔子说：『君子广泛地学习文献，再用礼义约束自己，也就可以不至于离经叛道了。』

孔子会见南子，子路很不高兴。孔子对天发誓说：『如果我有不对的行为，请天厌弃我！请天厌弃我！』

孔子说：『中庸这种道德，是最高的了，人们缺乏它已经很久了。』

子贡问道：『假如有这样一个人，广泛地给予人们好处，并帮助人们渡过难关，这人怎么样？可以说是仁了吗？』孔子说：『岂止是仁呢！那一定是达到圣的境界了，即使尧舜也难以做到！所谓仁，就是自己要立身，也让别人立身；自己要通达，也让别人通达。能够从身边的事例做起，这就可以说是仁的路向了。』

【品读】

『中庸』强调的是做事守其『中』，既不左冲右突，又戒参差不齐。其实这种人生哲理，从我们日常生活的许多细节中即可观察出来。商汤的开国大臣伊尹，不仅能把握做菜口味的『中庸』技巧，甚至还把它上升到『齐家治国』的高度。

做事，不偏不倚叫作中，保持平常叫作庸。行中，这是天下的正道；用中，这是天下的公理。中庸的基本要义，就是不偏不倚，恰到好处，这样才能做到名实相符。中庸的道理讲究不偏不倚，过与不及都是不好的，必须做到恰到好处。为人处世、持家治国等人生作为，无不体现了这个道理。一个人想做到中庸，必须加强品德修养，提高自我调控能力，使自己的言行、情感、欲望等，达到适度、恰当，避免『过』或『不及』。

在追求进步和成就的过程中，要有宽广的胸襟和博大的气度，支持别人就是更好地发展自己，帮助别人走向成功时，自己也在走向成功。

【故事】

伊尹辅佐汤推翻了夏桀的残暴统治，建立了在我国历史上维系了约六百年之久的商朝。伊尹原来不过是汤身边的厨师，汤妻陪嫁的奴隶。他之所以被汤看中而委以重任，是因为他确实有一番才干，善于从生活中发现人生智慧。他看到汤成天为与夏桀争夺天下而忙碌焦急，以致一日三餐都食不甘味，就想出了一个办法来引起汤的注意。他把上一顿饭的菜做得特别咸，下一顿饭的菜又故意不放盐，让汤吃得不对味而来责备自己。接着，他又把每顿饭的菜做得咸淡适中，美味可口，让汤吃得十分满意。伊尹早已算计好了，汤准会表扬自己。果然，有一次饭后汤对伊尹说：『看来你做菜的本事确实不凡。』伊尹已是成竹在胸，不等汤把话说完，就借题发挥说：『大王，这并不值得夸奖。菜不宜太咸，也不能太淡，只要把佐料调配得当，吃起来自然可口有味。这和你治理国家是一个道理，既不能无所作为，也不能急于求成，只有掌握好分寸关节，才能把事情办好。』

孟子对伊尹的评价是：『治亦进，乱亦进，伊尹也。』意思是说伊尹在天下太平时入仕做官，在天下动乱时也入仕做官。伊尹之所以能够做到这点，关键是善于把握分寸，有所为有所不为，深悟中庸的处世哲理。